定期テスト ズバ[illegible]　英語 3年　東京書籍版 NEW HORIZON

もく[illegible]

取り外してお使いください　赤シート+直前チェックBOOK,別冊解答

※全国の定期テストの標準的な出題範囲を示しています。学校の学習進度とあわない場合は,「あなたの学校の出題範囲」欄に出題範囲を書きこんでお使いください。

教科書 pp.4-5

Step 1 基本チェック

Unit 0 Three Interesting Facts about Languages

10分

赤シートを使って答えよう！

❶ 比較級

解答欄

□❶ このコンピュータはあの辞書よりも軽い。
This computer is [lighter] [than] that dictionary.

□❷ 私はその店の開店を2時間以上待っていました。
I was waiting for the shop to open for [more] [than] 2 hours.

❷ 受け身

□❶ この公園は多くの人が訪れます。
This park is [visited] [by] many people.

□❷ 世界中で約7,000の言語が話されています。
About 7,000 languages [are] [spoken] in the world.

POINT

❶ 比較級

2人[2つ]のものを比べて「～よりも…」と言うときは，比較級を使って表す。
比較級は〈A is 比較級 than B〉の形で表す。

・My sister is taller than my mother. [妹は母より背が高い。]
more は「もっと多くの」という意味で，many，much の比較級。
・Can you tell me more about the cat? [そのネコについてもっと教えてもらえますか。]

❷ 受け身

「…される」「…されている」という言い方を受け身の文という。受け身の文は〈be動詞＋動詞の過去分詞〉で表す。

・This book is written in English. [この本は英語で書かれています。]
(is: be動詞　written: 動詞の過去分詞)

だれによってされるかを表すときは，〈by ...〉をあとに続ける。
・The room was cleaned by Rika. [その部屋はリカによって掃除されました。]
・ふつうの文(能動態)と受け身の文(受動態)の違い
ふつうの文　Tatsuya made this table. [タツヤがこの机を作りました。]
受け身の文　This table was made by Tatsuya. [この机はタツヤによって作られました。]

■ テストにズバリよくでる！
■ 重要単語・重要文を掲載！

英語

東京書籍版

3年

Unit 0 Three Interesting Facts about Languages

教 pp.4～5

重要語チェック 英単語を覚えましょう。

□事実	名 fact
□言語	名 language
□異なった	形 different
□話す[speak]の過去分詞	動 spoken
□研究者	名 researcher
□…だと思う，信じる	動 believe
□…を増やす，増大させる	動 increase
□脳	名 brain
□幅の広い，(範囲などが)広い	形 wide
□さまざまな，いろいろな (a variety of～で)	名 variety
□中国語	名 Chinese

重要文チェック 日本語を見て英文が言えるようになりましょう。

□世界ではどのくらいの数の言語が話されていますか。	**How many** languages are spoken in the world?
□約7,000の言語が世界で話されています。	About 7,000 languages **are spoken** in the world.
□約7,000の異なった言語が世界で話されていると言われています。	It is **said that** about 7,000 different languages are spoken in the world.
□中国語は最大多数の人々によって第1言語として使われています。	Chinese **is used** as a first language by the greatest number of people.
□多くの研究者は，ほかの言語の知識が，われわれの思考力を高めることができると信じています。	Many researchers **believe that** knowledge of another language can increase our brain power.

Unit 1 Sports for Everyone ~ Let's Write 1

教 pp.7～17

重要語チェック 英単語を覚えましょう。

[Unit 1]

□題名，標題 名 title
□当てはまる 動 apply
□パラリンピック競技の 形 Paralympic
□どこかに[へ，で] 副 somewhere
□下に，下記に[の] 副 below
□上に，上記に[の] 副 above
□シッティングバレーボール 名 sitting volleyball
□トライアスロン 名 triathlon
□[疑問文で]今まで，かつて 副 ever
□パラリンピック 名 the Paralympic Games
□beの過去分詞 動助 been
□試合，競技 名 match
□アスリート 名 athlete
□インターネット 名 internet
□選手権，優勝 名 championship
□…をびっくりさせる 動 amaze
□スピード，速度 名 speed
□驚くべき 形 amazing
□心地よくない 形 uncomfortable
□有名な 形 well-known
□勝者，受賞者 名 winner
□肯定の，前向きな 形 positive
□グランドスラム 名 Grand Slam
□(物事が)可能な，できる 形 possible
□…を設立する 動 establish
□使用[利用]者，ユーザー 名 user
□…を満足させる 動 satisfy
□ふつうの 形 ordinary
□注文で作った 形 custom-made
□スポーティーな，走りの軽快な 形 sporty
□実用的な 形 functional
□おしゃれな，センスのよい 形 stylish
□意見，考え 名 opinion
□…を支援する，応援する 動 support

[Let's Write 1]

□すばらしい，最高の 形 awesome
□明るい 形 bright
□地平線，水平線 名 horizon
□希望を持っている 形 hopeful
□難問 名 challenge
□とても，すごく 副 super
□聴衆，観客 名 audience

重要文チェック 日本語を見て英文が言えるようになりましょう。

□私は車いすテニスを一度見たことがあります。	I **have** **seen** wheelchair tennis once.
□ジョシュは何度も車いすテニスを見たことがあります。	Josh **has** **seen** wheelchair tennis many times.
□朝美は一度も車いすテニスを見たことがありません。	Asami **has** **never** **seen** wheelchair tennis.
□あなたはこれまでに，パラリンピックを見たことがありますか。 ──はい，見たことがあります。 ──いいえ，私はそれを見たことがありません。	**Have** you ever **seen** Paralympic Games? ── **Yes**, I **have**. ── **No**, I **have** **not**. I **have** **never** **seen** them.
□私はテレビで車いすテニスの試合をたくさん見たことがあります。	I'**ve** **watched** lots of wheelchair tennis matches on TV.
□あなたはインターネットで彼のことを調べるべきです。	You should **check** him **out** on the internet.
□スポーツをすることは私を幸せにしてくれます。	Playing sports **makes** me **happy**.
□だれもがスポーツを楽しむことができ，またそれらをプレイしたり見たりすることは，人々を幸せに，前向きにしてくれます。	Everyone can enjoy sports, and playing and watching them **makes** people **happy** **and** **positive**.
□アスリートたちは，どんなことも可能だと私たちに示してくれます。	Athletes show us **that** anything is possible.
□アスリートたちは会社に対して，車椅子は彼らのからだの一部のようだと言いました。	Athletes tell the company **that** wheelchairs are like part of their bodies.

Unit 2 Haiku in English ～ Let's Talk 1

教 pp.19～29

✓重要語チェック 英単語を覚えましょう。

[Unit 2]

□①[疑問文で]もう，すでに ②[否定文で]まだ，今のところは 副 **yet**
□読む[read]の過去分詞 動 **read**
□眠る，寝ている 動 **sleep**
□すでに，もう 副 **already**
□詩人 名 **poet**
□…(して)以来 前 接 **since**
□像，肖像，印象 名 **image**
□好奇心の強い 形 **curious**
□詩 名 **poem**
□書く[write]の過去分詞 動 **written**
□韻をふむ 動 **rhyme**
□季節の 形 **seasonal**
□…を含む，含める 動 **include**
□リズム 名 **rhythm**
□音節，シラブル 名 **syllable**
□…になる[become]の過去分詞 動 **become**
□かなり，相当 副 **quite**
□もっと少なく 副 **less**
□厳しい 形 **strict**
□[否定文の文末に用いて]…もまた(～ない) 副 **either**
□実は，本当は 副 **actually**
□ウェブサイト 名 **website**
□大衆的な 形 **pop**

[Let's Talk 1]

□さようなら 間 **goodbye**

✓重要文チェック 日本語を見て英文が言えるようになりましょう。

[Unit 2]

□私はちょうど宿題を終えたところです。
I have just finished my homework.

□あなたはもう宿題を終えましたか。
——はい。私はそれをもう終えました。
Have you finished your homework yet?
— Yes, I have. I have already finished it.

□私はまだ宿題を終えていません。
I haven't finished my homework yet.

□私は5年間，日本に住んでいます。
I have lived in Japan for five years.

重要文チェック 日本語を見て英文が言えるようになりましょう。

□あなたはどのくらい長く日本に住んでいますか。	How long have you lived in Japan?
―― 5年間です。	―― For five years.
□私は最初に彼の俳句を読んだときから，ずっと大ファンです。	I've been a big fan since I first read his haiku.
□私は午前10時からずっと本を読み続けています。	I have been reading a book since 10 a.m.
□俳句は，江戸時代から，日本の文化の重要な部分となっています。	Haiku have been an important part of Japanese culture since the Edo period.
□日本の人々は何世紀にもわたって俳句を詠んで[書いて]います。	Japanese people have been writing haiku for centuries.
□音節を数えることが必要です。	It's necessary to count syllables.
□英語の俳句は，書くことがやさしいだけでなく，読むこともやさしいのです。	Haiku in English are not only easy to write, but also easy to read.

[Let's Talk 1]

□あなたの授業を楽しみにしています。	We've been looking forward to your class.

Unit 3 Animals on the Red List ～ Stage Activity 1

教pp.35～50

✓重要語チェック 英単語を覚えましょう。

[Unit 3]

- □…を守る，保護する 動protect
- □絶滅の危機にさらされている 形endangered
- □レッドリスト 名the Red List
- □危険(性) 名danger
- □絶滅 名extinction
- □気候 名climate
- □生き残る 動survive
- □状況 名condition
- □チーター 名cheetah
- □人に…させる 動let
- □…までずっと 前until
- □時代，年代 名era
- □人口 名population
- □速く，急に 副rapidly
- □羽 名feather
- □開発 名development
- □破壊する 動destroy
- □環境 名environment
- □…を捕まえる 動capture
- □…を飼育する 動breed
- □安全に 副safely
- □死ぬ 動die
- □政府 名government
- □飛ぶ 動fly
- □トキ 名crested ibis
- □伐採 名logging
- □採鉱，採掘 名mining
- □驚いたことには 副surprisingly
- □電子の 形electronic
- □機器 名device
- □金属 名metal
- □生態系 名ecosystem
- □(生物学上の)種 名species
- □…に影響を与える 動affect
- □人間(全体) 名human being
- □(…を)関係させる 動relate

[Let's Write 2]

- □携帯電話などでメッセージをおくる 動text
- □運転する 動drive
- □違法な 形illegal
- □…を禁止する 動ban
- □法律 名law
- □決定，結論 名decision
- □効果的な 形effective
- □面倒 名bother
- □事故 名accident

[Stage Activity 1]

- □報告，レポート 名report
- □トーナメント，選手権大会 名tournament
- □角，隅 名corner
- □最初の部分 名beginning
- □(物語などの)終わり，結末 名ending

重要文チェック 日本語を見て英文が言えるようになりましょう。

[Unit 3]

□私たちにとって，その問題を理解することは大切です。 — **It** is important **for** us **to** **understand** the problem.

□絶滅の危険にさらされている動物たちにとって，それらの状況のもとで生き残ることは難しいです。 — **It** is difficult **for** endangered animals **to** **survive** in these conditions.

□私にとって英語を学ぶことは重要です。 — **It** is important **for** me **to** **learn** English.

□私はみんなにこの事実を知ってほしいです。 — I **want** everyone **to** **know** this fact.

□私はあなたに部屋のそうじをしてほしいです。 — I **want** you **to** clean the room.

□あなた(たち)に１つの例を示しましょう。 — **Let** us **give** you one example.

□人々はトキが安全に生きる手助けをしました。 — People **helped** *toki* **live** safely.

□私は妹が宿題をするのを手伝いました。 — I **helped** my sister **do** her homework.

□学級新聞のための記事を書きませんか。 — **Why** **don't** we **write** an article for our class newspaper.

[Let's Write 2]

□運転中に携帯電話などでメッセージを打つことは，多くの場所では違法ですが，歩きながらの場合はどうでしょうか。 — Texting and driving is illegal in most places, but **what** **about** texting and walking?

[Stage Activity 1]

□私はコーナーキックが上手になるようにと一生懸命に練習をしてきました。 — I**'ve** **been** **practicing** very hard to improve my corner kicks.

Let's Read 1 A Mother's Lullaby

教 pp.52〜55

✓ 重要語チェック 英単語を覚えましょう。

- □子守唄 名 **lullaby**
- □道 名 **road**
- □爆弾 名 **bomb**
- □…を傷つける 動 **injure**
- □陰 名 **shade**
- □死んだ 形 **dead**
- □弱い，かすかな 形 **weak**
- □お母ちゃん 名 **mommy**
- □泣く 動 **cry**
- □腕 名 **arm**
- □本当の 形 **real**
- □しっかりと 副 **tightly**
- □しばらくの間 名 **while**
- □静かに 副 **quietly**
- □のぼる，上昇する [rise]の過去形 動 **rose**
- □核の 形 **nuclear**
- □平和 名 **peace**
- □雲のない 形 **cloudless**
- □死 名 **death**
- □空 名 **sky**
- □大統領 名 **president**
- □…を意味する [mean]の過去形 動 **meant**
- □戦争 名 **war**
- □勇気 名 **courage**
- □…を追い求める 動 **pursue**
- □…を折る 動 **fold**
- □…を終える 動 **close**
- □…の価値がある 形 **worth**
- □…を広げる 動 **extend**

✓ 重要文チェック 日本語を見て英文が言えるようになりましょう。

- □何年もの間，それは多くのことを見てきました。
  Through the years, it **has seen** many things.
- □その日の朝に，大きな爆弾が広島の町に落ちました。
  On the morning of that day, a big bomb **fell on** the city of Hiroshima.
- □その少女の声はますます弱くなりました。
  The girl's voice became **weaker and weaker**.
- □彼は，広島を訪れた最初の現職のアメリカ大統領となりました。
  He **became the first sitting U.S. president** to visit Hiroshima.
- □つるを折りましょう。
  Let us fold a paper crane.

Unit 4 Be Prepared and Work Together ~ Let's Talk 2

教pp.57～67

重要語チェック 英単語を覚えましょう。

[Unit 4]

□用意ができている，備えた 形prepared
□災害 名disaster
□避難所 名shelter
□…を蓄える 動store
□消火器 名extinguisher
□調査 名survey
□(…を)する[do]の過去分詞 動done
□緊急事態 名emergency
□道具一式 名kit
□リンク，接続 名link
□地震 名earthquake
□ひどい 形terrible
□揺れ 名shaking
□運転する[drive]の過去形 動drove
□駐車場 名parking lot
□(…を)こわがって 形scared
□ついに，やっと 副finally
□アナウンス，発表 名announcement
□最近の，最新の 形latest
□幸運にも 副fortunately
□旅行者 名traveler
□避難 名evacuation
□訓練，ドリル 名drill
□住民，居住者 名resident
□観光客 名visitor
□シミュレーション 名simulation
□彼ら[彼女ら]自身を[に] 代themselves
□指示 名instruction
□与える[give]の過去分詞 動given
□単純な，簡単な 形simple
□インタビューする 動interview

重要文チェック 日本語を見て英文が言えるようになりましょう。

[Unit 4]

□私は地元の避難所がどこにあるかを知っています。	I know where the local shelter is.
□私はどのくらいの食料と水を蓄えるべきかを知っています。	I know how much food and water I should store.
□私は火事の場合に何番に電話したらよいかを知っています。	I know what number I should call in case of a fire.
□あなたが何をしたか，教えてね。	Tell me what you have done.
□それはあなたが何を用意するべきかを示してくれます。	It shows you what you should prepare.
□私たちは通り過ぎようとしている警察(けいさつ)官に話しかけました。	We spoke to a police officer passing by.
□何人かの観光客に英語で話している女性がいました。	There was a woman speaking to some travelers in English.
□彼らは英語で与えられる指示に従いました。	They followed instructions given in English.
□市では，ワカバ中学校の生徒が作った避難地図を配布しました。	The city handed out an evacuation map made by Wakaba Junior High School students.
□私たちにとって，彼らを助ける用意があることは必要です。	It's necessary for us to be prepared to help them.
□みんなにとって，お互いに助け合い，ともに取り組むことは大切です。	It's important for everyone to help each other and work together.

[Let's Talk 2]

□あなたの傘かなにかを持ちましょうか。	Would you like me to carry your umbrella or something?

Unit 5 A Legacy for Peace ~ Stage Activity 2

教pp.71～86

✓重要語チェック 英単語を覚えましょう。

[Unit 5]

□遺産 名legacy
□ガンディー(姓) 名Gandhi
□人，個人 名person
□…を尊敬する，尊重する 動respect
□おおいに，非常に 副greatly
□生まれる(be bornで) 動born
□国際的な 形international
□非暴力 名non-violence
□インドの 形Indian
□独立 名independence
□暴力 名violence
□たたかい，たたかう 動名fight
□抗議する，抗議 動名protest
□困難な，難しい 形tough
□断食 名fast
□弁護士 名lawyer
□差別 名discrimination
□自由に 副freely
□歩道 名sidewalk
□…を受け入れる 動accept
□不公平な 形unfair
□怒った 形angry
□…を導く 動lead
□運動 動movement
□…を逮捕する 動arrest
□非暴力の 形non-violent
□植民地 名colony
□塩 名salt
□税金 名tax
□高価な 形expensive
□支持者 名follower
□ほとんど 副almost
□キロメートル 名kilometer
□…に到着する 動reach
□行進 名march
□ニュース 名news
□平和な 形peaceful
□指導者 名leader

[Let's Write 3]

□増加 名growth
□力強い，有力な 形powerful
□人口の多い 形populous
□10億 名billion
□中国 名China

[Stage Activity 2]

□…を発見する 動discover
□かわいい，きれいな 形pretty
□登場人物 名character
□ふるまい，行動 名behavior
□布，服地 名cloth
□そのかわりに 副instead

重要文チェック 日本語を見て英文が言えるようになりましょう。

[Unit 5]

□これは私がインターネットで見つけた写真です。
This is **a picture I found** on the internet.

□これは私の父が撮った写真です。
This is **a picture my father took**.

□彼はインドの人々が非常に尊敬している人です。
He's **a person Indian people respect** greatly.

□ガンディーは多くの人々に影響をおよぼしてきた人です。
Gandhi is a man **who** has influenced a lot of people.

□こちらは1位をとった少女です。
This is the girl **who** won first place.

□彼は，人権を求めてたたかう人々に今なお尊敬されています。
He's still respected by people **who** fight for human rights.

□これは人々を幸せにしてくれる映画です。
This is a movie **that[which]** makes people happy.

□これは2000年に建てられた学校です。
This is a school **that[which]** was built in 2000.

□インド人の客を受け入れないホテルもまた，ありました。
There were also hotels **that** did not accept Indian guests.

□イギリスはインド人にとってより一層不公平な法律を作りました。
The British made a law **that** was even more unfair to Indian people.

□これは私がインターネットで見つけた写真です。
This is a picture **that[which]** I found on the internet.

[Stage Activity 2]

□ふろしきはものを包んだり運んだりするのに使われる布地です。
A *furoshiki* is a piece of cloth **that** is used to wrap and carry things.

□もしあなたがプラ袋の代わりにふろしきを使えば，あなたは資源を無駄にしないでしょう。
If you use *furoshiki* **instead of** plastic bags, you won't waste resources.

Unit 6 Beyond Borders ～ Stage Activity 3

教pp.89～104

☑重要語チェック 英単語を覚えましょう。

[Unit 6]

□…をこえたところに［へ］ 前beyond
□国境 名border
□関係 名relation
□バックパック 名backpack
□キャンペーン 名campaign
□未使用の 形unused
□必需品 名supply
□…を寄付する 動donate
□もちろん，確かに 副definitely
□…を想像する 動imagine
□読み書きのできない 形illiterate
□…を受け取る 動receive
□…を励ます 動encourage
□息子 名son
□用意ができて 形ready
□建物 名building
□空気 名air
□サービス 名service
□地球 名globe
□交流 名exchange
□頼る 動depend
□貿易 名trade
□存続 名survival
□…を輸入する 動import
□豚肉 名pork
□コート 名coat
□sellの過去分詞 動sold
□例外 名exception
□…を囲む 動surround
□日常の 形daily
□相互に依存している 形interdependent
□ブラジル 名Brazil
□タイ 名Thailand

[Let's Talk 3]

□国内の 形domestic
□(品物，料金が)安い 形cheap
□…のように見える，思われる 動seem
□…を輸送する 動transport
□特徴，論点，ポイント 名point
□賛成する，意見が一致する 動agree
□意見が合わない 動disagree
□そのうえ，さらに 副besides

[Stage Activity 3]

□審判員 名judge
□色彩に富んだ 形colorful
□否定的な，よくない 形negative
□側，面 名side
□…を着ている 動wear
□制服 名uniform
□いなか 名countryside
□ミニディベート 名mini debate
□…を発表する 動announce

重要文チェック 日本語を見て英文が言えるようになりましょう。

[Unit 6]

□私が学校に行ければなあ。 I wish I could go to school.

□私がペンやノートを持っていればなあ。 I wish I had pens and notebooks.

□私がコンピュータを持っていればなあ。 I wish I had a computer.

□私が今，オーストラリアにいればなあ。 I wish I were in Australia now.

□もし私があなただったら，友達に助けをもとめるのに。 If I were you, I would ask my friends for help.

□もし私がランドセルを持っていれば，それを寄付するのに。 If I had a school backpack, I would donate it.

□もし今日晴れていれば，つりに行くのに。 If it were sunny today, I would go fishing.

□もし今あなたがコンピュータを持っていれば，ネットサーフィンができるのに。 If you had a computer now, you could surf the internet.

□私たちが毎日目にする多くのものが，海外から来ています。 Many things that we see everyday come from overseas.

□私たちが食べる鶏肉の３分の１はほかの国から来ています。 One-third of the chicken that we eat comes from other countries.

[Let' s Talk 3]

□日本では旬のものではない野菜を買うことができます。 We can buy vegetables that are not in season in Japan.

[Stage Activity 3]

□私は，なぜどの生徒も同じ制服を着なければならないのか，今でもわかりません。 I still don't understand why every student has to wear the same uniform.

□もし私たちが違う服を着ることができたら，もっと楽しいのに。 If we could wear different clothes, it would be more interesting.

Let's Read 2 Power Your Future

教 pp.106~109

☑ 重要語チェック 英単語を覚えましょう。

□電力	名 electricity
□を切る，…の供給を止める	動 cut
□…を充電する	動 charge
□スマートフォン	名 smartphone
□石油	名 oil
□石炭	名 coal
□天然ガス	名 natural gas
□比較的	副 relatively
□…を放出する	動 release
□危険な	形 dangerous
□化学物質	名 chemical
□健康	名 health
□化石燃料	名 fossil fuel
□二酸化炭素	名 carbon dioxide
□量	名 amount
□エネルギー	名 energy
□…を管理する	動 control
□放射能	名 radiation
□…を処理する	動 handle
□日光	名 sunshine
□風	名 wind
□蒸気	名 steam
□海，大洋	名 ocean
□再生可能な	形 renewable
□ダム	名 dam
□4分の1	名 quarter
□熱	名 heat
□…を解決する	動 solve
□…を発明する	動 invent
□雨	名 rain
□明かり	名 lamp
□秒	名 second
□リットル	名 liter
□電池	名 battery
□持続可能な	形 sustainable
□消費者	名 consumer
□発明家	名 inventor

☑ 重要文チェック 日本語を見て英文が言えるようになりましょう。

□もし電力の供給が1週間切られたとしたら，私たちの暮らしには何が起きるでしょうか。	If the electricity were cut for one week, what would happen to our lives?
□私たちは，ほとんどの日常生活を営むために，電気に頼っています。	We depend on electricity to power most of our daily activities.

□それらは比較的安く，そして多くのことに**使うことができます**。	They are relatively cheap, and they **can be used** for many things.
□科学者たちは，化石燃料を100年後に**使い果たして**しまうかもしれない**と述べています**。	Scientists **say that** we may **run out of** fossil fuels in 100 years.
□それらは地球の温暖化を**増大させ**，私たちの健康を損なわせます。	They **increase** global warming and damage our health.
□常に放射能を管理し，核廃棄物を処理する**ことは難しい**のです。	**It** is **difficult to** control radiation and handle nuclear waste all the time.
□アイスランドで使われる**電力の4分の1**は，地下にある自然の熱から来ています。	**One quarter of the electricity** used in Iceland comes from the natural heat in the ground.
□世界中の人々が，エネルギーの問題を**解決するために取り組んでいます**。	People around the world **are working to solve** our energy problems.
□彼女は雨から電気を**つくる**装置を発明しました。	She invited a device **to make** electricity from rain.
□彼女は，とくに雨の多い国々の貧しい人々を**助けるために**その装置をつくったと言います。	She says she created the device **to help** poor people, especially in rainy countries.
□持続可能なエネルギーの未来のために，**あなたにできることは何か**あるでしょうか。	Is there **anything you can do** for a sustainable energy future?
□あなたはまた，**何の種類の**エネルギーを使いたいかを決めることができます。	You can also decide **what kind of** energy you want to use.
□あなたのエネルギーの未来を**より明るくする**ために，あなたには何ができるでしょうか。	What can you do to **make** your energy future **brighter**?

Let's Read 3 A Graduation Gift from Steve Jobs

教 pp.110～113

重要語チェック 英単語を覚えましょう。

□卒業	名 graduation	□中心	名 focus
□点	名 dot	□なくなった	形 gone
□…に通う	動 attend	□だけれども	接 though
□(単科)大学	名 college	□負担	名 burden
□卒業する	動 graduate	□初心者	名 beginner
□芸術的な	形 artistic	□創造力のある	形 creative
□興味	名 interest	□アニメーション	名 animation
□…だと期待する，…を信頼する	動 trust	□スタジオ	名 studio
		□鏡	名 mirror
□何らかの形で	副 somehow	□がん	名 cancer
□ちがい	名 difference	□限られた	形 limited
□失うこと	名 loss	□だれか	代 someone
□幸運な	形 lucky	□(その)ほかの	副 else
□ガレージ	名 garage	□内側の	形 inner
□growの過去形	動 grew	□雑誌	名 magazine
□従業員	名 employee	□愚かな	形 foolish
□成功した	形 successful		

重要文チェック 日本語を見て英文が言えるようになりましょう。

□彼は何をしたいのか，まったく見当もつきませんでした。	He had no idea what he wanted to do.
□それは当時，困難なことでしたが，彼女はそれが最もよい決定の1つだと信じていました。	It was difficult at the time, but she believed it was one of her best decisions.

□それは美しい姿形をした最初のコンピュータでした。	It was the first computer with beautiful shape.
□私の高校での興味から新しいコンピュータへと，私の人生の点と点がつなげられたのでした。	The dots of my life were connected, from my high school interest to new computers.
□点同士が人生の中で，何らかの形でつながることを信じなさい。	Trust that the dots will somehow connect in your life.
□人生の早い時期に，彼女はやりたいことを見つけました。	Early in her life, she found something she loved to do.
□15年の間に，A社は3000人の従業員をかかえる大きな会社に成長しました。	In 15 years, A company grew into a big company with 3,000 employees.
□その時，彼は彼自身の会社から解雇されたのです。	Then he was fired from his own company.
□彼はその時はそれを理解していませんでしたが，解雇されたことは彼にとって最高のできごとだったのです。	Though he didn't see it then, getting fired was the best thing for him.
□偉大であることは重荷ですが，初心にかえることは簡単です。	Being great was a heavy burden, but being a beginner again was light.
□私は自分がすることを愛さなければなりません。	I must love the thing I do.
□あなた自身の本当の声に耳を傾けなさい。	Listen to your own true voice.
□勇気を持ちなさい，そしてあなたの善意に従いなさい。	Have courage and follow your good heart.

Step 2 予想問題 Unit 0 Three Interesting Facts about Languages

10分

❶ 次の❶〜❻は単語の意味を，❼❽は日本語を英語になおしなさい。

□❶ fact ( ) □❷ believe ( )
□❸ increase ( ) □❹ brain ( )
□❺ wide ( ) □❻ variety ( )
□❼ 研究者 ______ □❽ 言語 ______

❷ 次の下線部の発音が同じものには○を，違うものには×をつけなさい。

□❶ world short ( ) □❷ knowledge now ( )
□❸ used said ( ) □❹ power shower ( )

❸ ( )内に入れるのに最も適切な語や語句を，㋐〜㋓から選んで○で囲みなさい。

□❶ Many ( ) are spoken in the world.
㋐ Japanese ㋑ people ㋒ English
㋓ different languages

□❷ English is not the ( ) language in the world.
㋐ more used ㋑ first used ㋒ most used
㋓ greatest number

□❸ Many languages are spoken by a ( ) of people.
㋐ small number ㋑ fewer ㋒ another
㋓ greatest number

❹ 日本語に合う英文になるように，____に適切な語を書きなさい。

点UP □❶ この本はあちらのものよりも面白いです。
This book is ______ ______ ______ that one.

□❷ 英語は多くの国で話されています。
English ______ ______ in many countries.

□❸ カナダでは主に英語とフランス語が使われています。
English and French ______ ______ as the main languages in Canada.

ヒント

❶
❹教科書ではbrain powerという語句で出ている。「思考力」という意味だ。

❹
❶すべての形容詞が，-erの形で比較級を表すのではないことに注意する。

Step 3 予想テスト

Unit 0 Three Interesting Facts about Languages

30分　/100点　目標 80点

❶ 日本語に合う英文になるように，____に適切な語を書きなさい。知　36点（各6点）

❶ あなたのクラスには何人の生徒がいますか。

_____ _____ students are there in your class?

❷ 彼らのうちの約50%が朝食を食べません。

About _____ _____ of them don't eat breakfast.

❸ 世界で2番目に多く話されている言語は何ですか。

What is the language spoken by the _____ _____ number?

❷ 日本語に合う英文になるように，(　)内の語句を並べかえなさい。知　24点（各8点）

❶ 私はそのコンピュータについてもっと知りたいです。

I want (the computer / know / about / more / to).

❷ タケルはクラスで最も背が高いです。

Takeru is (tallest / in / the / his class).

❸ 私は中国語についていくつかの興味ある事実を知っています。

I know (about / facts / some / interesting / Chinese).

❸ 次の英文を読んで，あとの問いに答えなさい。表　25点（❶9点他は各8点）

①Should we learn another language?

—Many researchers believe ②(increase / that / another language / of / can / brain power / knowledge / our).

—③If we use more than one language, we can choose from a wider variety of jobs.

❶ これは朝美が書いたレポートの一部です。ある問いかけをしてそれに答える形式で書かれています。下線部①で朝美は何を問いかけているのですか。日本語で答えなさい。

❷ 下線部②が，意味の通る文章になるように語句を並べかえなさい。

❸ 下線部③で，私たちがもっと多くの言語を使うとしたら，どういうことが可能になると言っていますか。次の㋐～㋓から正しいものを一つ選びなさい。

㋐ より高いレベルの仕事を選べる　㋑ 広くさまざまな仕事から選べる
㋒ 給料の高い仕事を選べる　㋓ 人の役に立つ仕事から選べる

　成績評価の観点　知…言語や文化についての知識・技能　表…外国語表現の能力

❹ 次の英語を受け身の文に書きかえなさい。 表 15点（各5点）

❶ Rika used these pens.

❷ Most people in Peru speak Spanish.

❸ Many people love him.

❶	❶	❷
	❸	
❷	❶ I want .	
	❷ Takeru is .	
	❸ I know .	
❸	❶	
	❷ .	
	❸	
❹	❶	
	❷	
	❸	

Step 1 基本チェック　Unit 1 Sports for Everyone ~ Let's Write 1

20分

赤シートを使って答えよう！

❶ 現在完了形(経験)

解答欄

□❶ 私は去年車いすテニスを見ました。
I [saw] wheelchair tennis last year.

□❷ 私は一度車いすテニスを見たことがあります。
I [have] [seen] wheelchair tennis once.

□❸ ジョシュは何度も車いすテニスを見たことがあります。
Josh [has] [seen] wheelchair tennis many times.

□❹ 朝美は車いすテニスを見たことがありません。
Asami [has] [never] [seen] wheelchair tennis.

□❺ アキは北海道を二度訪れたことがあります。
Aki [has] [visited] Hokkaido twice.

❶
❷
❸
❹
❺

POINT

❶ 現在完了形(経験)

①I saw wheelchair tennis last year.　[私は去年車いすテニスを見ました。]
過去に「見た」という事実を表している。

②I have seen wheelchair tennis once.　[私は一度車いすテニスを見たことがあります。]
have＋過去分詞　回数を表す
「…したことがある」という経験の意味を表す場合には，〈have[has]＋過去分詞〉の形にする。
これを現在完了形の経験用法という。
経験した回数を表すonceやtwice，「以前に」という意味を表すbeforeなどがよく使われる。

③Josh has seen wheelchair tennis many times.
[ジョシュは何度も車いすテニスを見たことがあります。]
主語が三人称単数の場合にはhaveではなくhasが使われる。

④Asami has never seen wheelchair tennis.
[朝美は車いすテニスを一度も見たことがありません。]
「一度も…したことがない」のように，経験を否定する文では，neverがよく使われる。

⑤visit(訪れる)はvisited(過去形)，visited(過去分詞)と過去形も過去分詞も同じように変化する。しかし，see(見る)のように，saw(過去形)，seen(過去分詞)と不規則に変化する動詞もある。

❷ 現在完了形(経験)の疑問文

解答欄

□❶ あなたはパラリンピックの試合を見たことがありますか。
[Have] you ever [seen] the Paralympic Games?

□❷ はい，見たことがあります。
—— Yes, I [have].

□❸ いいえ，ありません。　私はそれらを見たことがありません。
—— No, I have [not]. I [have] never [seen] them.

❶
❷
❸

❸「…を～の状態にする」

□❶ スポーツをすることは私を幸せにしてくれます。
Playing sports [makes] me happy.

□❷ スポーツを見ることは，人々を前向きにしてくれます。
Watching sports [makes] [people] positive.

❶
❷

❹「(人に)～ということを…する」

□❶ アスリートたちはどんなことも可能だと私たちに示してくれます。
Athletes show us [that] anything is possible.

❶

POINT

❷ 現在完了形(経験)の疑問文

①「…したことがありますか」と経験を尋ねる疑問文では，[Have[Has]＋主語＋過去分詞 ...?]の形にする。everがよく使われる。

Have you ever seen the Paralympic Games?
過去分詞　[あなたはこれまでにそのパラリンピックの試合を見たことがありますか。]

答えの文はYes, I have.やNo, I have not.で表す。

❸「…を～の状態にする」

①〈make＋代名詞＋形容詞〉で「…(代名詞)を～(形容詞の状態)にする」という意味を表す。

Playing sports makes me happy.　[スポーツをすることは私を幸せにしてくれます。]
make　代名詞　形容詞

❹「(人に)～ということを…する」

①that以下の節が「～ということを…する」という意味で目的語句となる。thatの前の動詞は，show，tell，teachなどがよく使われる。

Athletes show us that anything is possible.
目的語句　[アスリートたちはどんなことも可能だと私たちに示してくれます。]

教科書 pp.7-17

Step 2 予想問題　Unit 1 Sports for Everyone ~ Let's Write 1

40分
(1ページ10分)

❶ 次の❶～❽は単語の意味を，❾～⓰は日本語を英語になおしなさい。

□❶ apply (　　　　)　□❷ below (　　　　)
□❸ ever (　　　　)　□❹ match (　　　　)
□❺ amaze (　　　　)　□❻ functional (　　　　)
□❼ super (　　　　)　□❽ opinion (　　　　)
□❾ どこかに ＿＿＿＿　□❿ アスリート ＿＿＿＿
□⓫ インターネット＿＿＿＿　□⓬ 選手権，優勝＿＿＿＿
□⓭ 前向きな ＿＿＿＿　□⓮ …を設立する＿＿＿＿
□⓯ …を支援する＿＿＿＿　□⓰ 明るい ＿＿＿＿

❷ (　)内に入れるのに最も適切な語を，㋐～㋓から選んで〇で囲みなさい。

□❶ My room is just (　　) our kitchen.
㋐ up　㋑ above　㋒ in　㋓ out

□❷ I am (　　) in this new sweater.
㋐ very　㋑ perfect　㋒ uncomfortable　㋓ real

点UP □❸ It is (　　) for me to play that song on the guitar.
㋐ quiet　㋑ positive　㋒ same　㋓ possible

□❹ (　　) people want to be happy.
㋐ A　㋑ No　㋒ Ordinary　㋓ How

□❺ He is a (　　) athlete all over the world.
㋐ well-known　㋑ first　㋒ himself　㋓ many

❸ 次の語を読むとき，最も強く読む部分の位置を記号で答えなさい。

□❶ o-pi-nion
ア イ ウ
(　　)

□❷ ho-ri-zon
ア イ ウ
(　　)

□❸ tri-ath-lon
ア イ ウ
(　　)

□❹ chal-lenge
ア イ
(　　)

ヒント

❶
❷aboveと対をなす副詞の語。
❸経験をたずねる疑問文でよく使われる副詞。
❻function「機能，作用，働き」の形容詞形。
❿ニュースなどで目や耳にしない日がないほどよく使われる英単語だが，つづりには十分注意する必要がある。
⓯ppのつづりに注意する。

❷
❶「台所の真上」を表している。
❹「ふつうの人々」を表す。

ヒント

4 日本語に合う英文になるように，＿＿に適切な語を書きなさい。

□ 1 私は一度京都に行ったことがあります。
I ＿＿＿＿ ＿＿＿＿ to Kyoto once.

□ 2 母はその事実に驚かされました。
My mother was ＿＿＿＿ ＿＿＿＿ that fact.

点UP □ 3 私はその本にますます興味を持ちました。
I became ＿＿＿＿ ＿＿＿＿ ＿＿＿＿ interested in the book.

□ 4 彼女は困難な問題を克服しました。
She ＿＿＿＿ ＿＿＿＿ her difficult problem.

4 ミスに注意
2「驚かされた」という受け身の表現になっている。
3「ますます」を表す言い方。

5 次の＿＿に適切な語を下から選んで書きなさい。同じ語を二度使わないこと。

□ 1 You should check it ＿＿＿＿ yourself.

□ 2 I am satisfied ＿＿＿＿ her work.

□ 3 I found out about it ＿＿＿＿ TV.

□ 4 Naomi won the game ＿＿＿＿ 2019.

on	in	with	out

5
1 動詞のcheckと連なる前置詞。
2 be satisfied と連なる前置詞。

6 次の文を( )内の指示にしたがって書きかえるとき，＿＿に適切な語を書きなさい。

□ 1 No, I've never seen the soccer game.
(この文が答えになるようにたずねる文に)
＿＿＿＿ you ever ＿＿＿＿ the soccer game?

□ 2 He is a famous tennis player. (この文が答えになるようにたずねる文に)
＿＿＿＿ ＿＿＿＿ Kei?

□ 3 I was happy to win the game. (Winning the gameを主語にした文に)
Winning the game ＿＿＿＿ ＿＿＿＿ happy.

□ 4 He established the company. (ほぼ同じ内容の文に)
The company ＿＿＿＿ ＿＿＿＿ by him.

6
1「…したことがありますか」と相手の経験についてたずねる。
3「その試合に勝ったことで私はうれしかったです」という意味の文に。
4 受け身の文にする。

Unit 1～Let's Write 1

[解答▶p.2]

❼ 次の文を(　)内の指示に従って書きかえなさい。

□❶ I practiced skiing last winter.
(last winterをonceにかえて現在完了形の文に)

□❷ I have been to China.
(「一度も…したことがない」という意味の文に)

□❸ You have watched that movie on TV.
(「これまでに…したことがありますか」という疑問文に)

□❹ He watched this DVD.　(「二度見たことがある」という文に)

□❺ I saw a famous artist at the theater.
(「一度もない」という経験を否定する文に)

❽ 日本語に合う英文になるように，(　)内の語句を並べかえなさい。

□❶ サトウ先生はよく私たちに，英語を学ぶことは大切だと言います。
(English / tells / often / that / important / us / learning / Ms. Sato / is).

.

□❷ 父は，私に歴史は面白いということを示してくれました。
(me / was / history / showed / that / interesting / my father).

.

□❸ その記事は，科学が発達していることを示します。
(developed / has / that / that article / science / shows).

.

□❹ シンヤは，私にその規則は間違っていると言いました。
(the rule / that / told / Shinya / me / wrong / was).

.

ヒント

❼
❶「私は一度スキーの練習をしたことがあります。」という意味の文を作る。
❹「二度」はtwice。

❽
❶～❹のいずれも，that以下を主語＋動詞の節にする。
❸「科学が発達する」は現在完了形で表す。
❹be wrongで「間違っている」を表す。

❾ 次の質問に対する応答として適切なものを下から選び，記号で答えなさい。

□❶ Why did he decide to establish the company? (　　)

□❷ Have you ever visited Hokkaido? (　　)

□❸ Did you eat your lunch today? (　　)

□❹ When and where shall we meet tomorrow? (　　)

㋐ Yes, I had a hamburger.

㋑ Because he wanted to solve the problem.

㋒ Let's meet in front of Shibuya Station at 10:00.

㋓ No, I've never visited there.

❿ 次の文を，日本語になおしなさい。

□❶ Sports make us happy.

(　　　　　　　　)

□❷ Ema calls her Kako.

(　　　　　　　　)

□❸ My mother often tells that having breakfast every day is important.

(　　　　　　　　)

□❹ Takuya has never climbed Mt. Fuji.

(　　　　　　　　)

⓫ 次の日本語を英語になおしなさい。

点UP □❶ あなたは外国に行ったことがありますか。

□❷ あの話は私を悲しくさせました。

□❸ 父は私に，一生懸命勉強することは大切だと言います。

ヒント

❾
❹待ち合わせの場所と時間について話している。

❿
❶〈make＋(代)名詞＋形容詞〉で「…を～の状態にする」という意味を表す。
❸that以下の部分がtellの目的語となっている。

⓫
❶「外国」はforeign country。
❷〈make＋目的語＋形容詞〉の文を作る。

Unit 1～Let's Write 1

教科書 pp.7-17

Step 3 予想テスト Unit 1 Sports for Everyone ~ Let's Write 1

30分

/100点

目標 80点

❶ 日本語に合う英文になるように，____に適切な語を書きなさい。知　26点（各2点）

❶ 私はその事実を昨日確かめました。

I ______ ______ the facts yesterday.

❷ 私はその選手のスピードとパワーに驚きました。

I ______ ______ ______ the speed and power of that player.

❸ 母は私のピアノ演奏に満足しました。

My mother ______ ______ ______ my piano playing.

❹ ケイタはその話にますます興味を持ちました。

Keita became ______ ______ ______ interested in that story.

❺ あなたはどうやってその問題を乗り越えたのですか。

How did you ______ ______ that problem?

❷ 日本語に合う英文になるように，(　)内の語句を並べかえなさい。知　25点（各5点）

❶ あなたは京都に行ったことがありますか。(you / been / ever / have / Kyoto / to)?

❷ 私は一度京都に行ったことがあります。(once / I / to / been / Kyoto / have).

❸ リサは一度もスキューバダイビングに挑戦したことがありません。

(has / Risa / tried / scuba diving / never).

❹ そのバレーボールの試合は私をわくわくさせました。

(excited / made / that / me / volleyball game).

❺ キムラ先生は睡眠は大切だとよく言います。

(Ms. Kimura / that / important / is / often / sleeping / tells).

❸ 次の対話文を読んで，あとの問いに答えなさい。表　25点（各5点）

Asami: ①Have you ever (　　) the Paralympic Games?

Josh: Yes, I have.

Asami: ②(a / to / you / have / Paralympic event / been)?

Josh: ③(　　), (　　) (　　), but ④I've watched lots of wheelchair tennis matches on TV. I'm a big fan of Kunieda Shingo.

Asami: Who's Kunieda Shingo?

Josh: He's a great athlete. He's one of the best wheelchair tennis players in the world.

成績評価の観点　知…言語や文化についての知識・技能　表…外国語表現の能力

❶ 下線部①の文が，朝美がジョシュにパラリンピック競技を見たことがあるかどうかをたずねる内容になるように，(　)に適切な語を書きなさい。

❷ 下線部②が適切な英文になるように，並べかえなさい。

❸ 下線部③が「いいえ，ないよ」と簡潔に答える英文になるように，(　)に適切な語を書きなさい。

❹ 下線部④を日本語にしなさい。

❺ 次の㋐～㋓の文で，上の対話文の内容と異なるものを１つ選んで，記号で答えなさい。

㋐ Josh has seen the Paralympic Games.
㋑ Josh has not been to a Paralympic event.
㋒ Josh knows Kunieda Shingo very well.
㋓ Josh said he didn't know Kunieda Shingo.

❹ 英語で自分のことを紹介します。次の日本語の内容を伝える英語を書きなさい。表

24点（各12点）

❶ これまでに一度だけしたことがある経験を紹介する。

❷ これまでに何度もしてきた経験を紹介する。

❶	❶	❷
	❸	
	❹	❺
❷	❶ ?	
	❷ .	
	❸ .	
	❹ .	
	❺ .	
❸	❶	❷ ?
	❸	
	❹	❺
❹	❶	
	❷	

Step 1 基本チェック Unit 2 Haiku in English ~ Learning SCIENCE in English

10分

赤シートを使って答えよう！

❶ 現在完了形(完了)

□❶ 私はちょうど宿題を終えたところです。
I [have] just [finished] my homework.

□❷ あなたはもう宿題を終えましたか。
[Have] you [finished] your homework yet?
はい，しました。私はもうすでにそれを終えました。
— Yes, I [have]. I [have] already finished it.

❷ 現在完了形(継続)

□❶ 私は日本に５年間住んで(住み続けて)います。
I [have] [lived] in Japan for five years.

□❷ あなたはどのくらい長く日本に住んでいますか。
[How] [long] have you [lived] in Japan?

❸ 現在完了進行形

□❶ 私は午前10時からずっと本を読み続けています。
I [have] [been] [reading] a book since 10 a.m.

解答欄

❶ 現在完了形(完了)
❶
❷

❷ 現在完了形(継続)
❶
❷

❸ 現在完了進行形
❶

POINT

❶ 現在完了形(完了)

①I have just finished my homework. [私はちょうど宿題を終えたところです。]
「…したところです」という行為の完了を表すときには，〈have[has]＋過去分詞〉の形にする。これを現在完了形の完了用法という。肯定文ではjustやalreadyがよく使われる。
疑問文や否定文では，文末にyetがよく使われる。

❷ 現在完了形(継続)

①I have lived in Japan for five years. [私は日本に５年間住んで(住み続けて)います。]
「ずっと…し(続けて)います」のように，過去のある時から今まである状態が継続していることを表すときには，〈have[has]＋過去分詞〉の形にする。これを現在完了形の継続用法という。

❸ 現在完了進行形

①I have been reading a book since 10 a.m. [私は午前10時からずっと本を読み続けています。]
「(ずっと)…し続けています」のようにある動作が続いていることを表すときには，〈have[has] been＋...ing〉の形にする。これを現在完了進行形という。

Step 2 予想問題 Unit 2 Haiku in English ~ Learning SCIENCE in English

30分 (1ページ10分)

1 次の❶〜❽は単語の意味を，❾〜⓮は日本語を英語になおしなさい。

□❶ sleep ( )　□❷ already ( )
□❸ poet ( )　□❹ include ( )
□❺ syllable ( )　□❻ strict ( )
□❼ actually ( )　□❽ pop ( )
□❾ 像，印象 ______　□❿ 好奇心の強い ______
□⓫ リズム ______　□⓬ もっと少なく ______
□⓭ …もまた(〜ない) ______　□⓮ さようなら ______

2 次の動詞の過去形と過去分詞を書きなさい。

	過去形	過去分詞
□❶ see		
□❷ become		
□❸ read		
□❹ write		

3 ( )内に入れるのに最も適切な語の組み合わせを，㋐〜㋓から選んで○で囲みなさい。

点UP □❶ This flower is ( ) ( ) that one.
㋐ easy to　㋑ different from　㋒ more than　㋓ very well

□❷ You should eat ( ) ( ) meat but also vegetable.
㋐ how long　㋑ not only　㋒ more about　㋓ little difficult

□❸ I am ( ) tired ( ) I cannot run any more.
㋐ so, that　㋑ not, always　㋒ may, be　㋓ can, or

□❹ Please ( ) ( ) to use the computer.
㋐ would you　㋑ try me　㋒ learn him　㋓ feel free

ヒント

1
❷現在完了形の完了を表す文でよく使われる語。
❸poem(詩)を書く人。
❹消費税が内税かなどを言うときにも使われる。
❽pop musicやpop cultureなど，みんながよく使っている。
⓫スペルが難しいのできちんと覚えよう。
⓮1語で言う単語。

2
どれも不規則活用をする動詞。
❸スペルは同じでも発音が違う。

3
❶「…と違う」という意味を表す。
❷「…だけでなく〜も」という意味を表す。

ヒント

❹ 次の語を読むとき，最も強く読む部分の位置を記号で答えなさい。

□❶ al-read-y
ア イ ウ
( )

□❷ im-age
ア イ
( )

□❸ in-clude
ア イ
( )

□❹ good-bye
ア イ
( )

❺ 次の____に適切な語を下から選んで書きなさい。同じ語を二度使わないこと。

□❶ ______ the other hand, he is different from other people.

点UP □❷ It's a book ______ *ukiyo-e.*

□❸ This temple has stood here ______ many years.

□❹ I'm ______ Ms.Sato's class.

for	in	on	about

❺
❶「他方では」という意味を表す。
❸「長年の間」という意味を表している。

❻ 日本語に合う英文になるように，____に適切な語を書きなさい。

□❶ 私は大阪に住んだことがあります。
I ______ ______ in Osaka.

□❷ 私はちょうど夕食を済ませたところです。
I ______ just ______ my dinner.

□❸ あなたはもう部屋の掃除をしましたか。
______ you ______ your room yet?

□❹ 私はここに７年間住んでいます。
I ______ ______ here for seven years.

❻
for ... は「…の間」，since ...は「…から」を表すよ。

❼ 次の文を，日本語になおしなさい。

□❶ She has practiced the piano since she was a child.
( )

□❷ How long have you been studying English?
( )

□❸ We have already arrived at the station.
( )

❼
❶sinceは現在完了形の継続用法でよく使われる。
❸alreadyは現在完了形の完了用法の肯定文でよく使われる。

 [解答▶p.4]

8 次の文を( )内の指示に従って，現在完了形の文に書きかえなさい。

□ 1 I finished my science homework. (justを使って)

□ 2 Did you send her an e-mail? (yetを使って)

□ 3 The bus doesn't arrive. (yetを使って)

9 次の日本語に合うように，( )内の語句を並べかえなさい。

□ 1 そのサッカーの試合はもう始まりました。
(started / the soccer game / has / already).

□ 2 サキはちょうど駅に着いたところです。
(just / at / Saki / arrived / has / the station).

□ 3 私はまだ彼女のメッセージを聞いていません。
(yet / I / heard / her message / not / have).

□ 4 あなたはもう新しいコンピュータを使いましたか。
(have / you / yet / our / new computer / used)?

□ 5 列車はまだ来ません。
(yet / come / has / the train / not).

10 次の日本語や，日本語が表す状況を英語で書きなさい。

点UP □ 1 私たちは早朝から山道を歩き続けています。

□ 2 相手にバレーボールの練習を終えたかどうかをたずねるとき。

ヒント

8
2 3 yetは現在完了形の完了用法の否定文や疑問文でよく使われる。その語が置かれる位置に注意する。

9 ミスに注意
1 alreadyが入る位置はどこかに注意。
3 4 5 yetをどの位置に入れるべきかを考える。

10
1「山道」はmountain roadsで表す。現在完了進行形の文を作る。
2 完了を表す現在完了形の疑問文を作る。

Step 3 予想テスト　Unit 2 Haiku in English ~ Learning SCIENCE in English

30分　/100点　目標 80点

❶ 日本語に合う英文になるように，____に適切な語を書きなさい。知　44点（各4点）

❶ 浮世絵はほかの日本画と違っています。
Ukiyo-e _____ _____ _____ other Japanese paintings.

❷ 私は空手だけでなく合気道も好きです。
I like not _____ karate _____ _____ aikido.

❸ 私は忙しすぎて母の仕事を手伝うことができません。
I am _____ busy _____ I cannot help my mother with her work.

❹ もし調べたいことがあれば，遠慮なく私の辞書を使ってください。
Please _____ _____ _____ use my dictionary if you need to look it up.

❷ 日本語に合う英文になるように，(　)内の語句を並べかえなさい。知　20点（各4点）

❶ 私はちょうどこの本を読み終えたところです。
(just / I / reading / have / this book / finished).

❷ 私たちはまだおばを訪ねていません。
(visited / yet / we / have not / our aunt).

❸ あなたはもう手を洗いましたか。
(your hands / you / have / yet / washed)?

❹ おじいさんは先週から病気になっています。
(since / my grandfather / been / has / last week / sick).

❺ 私たちは9時からずっと話し続けています。
(talking / have / we / since / been / nine o'clock).

❸ 次の対話文を読んで，あとの問いに答えなさい。表　24点（各6点）

Asami: Mr. Baker, ①How long have you lived in Japan?
Mr. Baker: ②For five years.
Asami: What brought you here?
Mr. Baker: Well, I learned about haiku when I was in elementary school. ③It was very interesting, and I wanted to learn more about Japan.

❶ 下線部①を日本語にしなさい。

❷ 下線部②は省略された表現になっています。〈主語＋動詞〉の形の英文にしなさい。

❸ 下線部③が具体的に表しているものを，文中から抜き出しなさい。

❹ 次の各文で対話文の内容と異なっているものを２つ選んで，記号で答えなさい。 (1つ3点)

㋐ Mr. Baker came to Japan ten years ago.
㋑ Asami and Mr. Baker are talking to each other.
㋒ Mr. Baker learned about haiku when he was a child.
㋓ Asami knows why Mr. Baker has come to Japan.
㋔ Mr. Baker has liked haiku since he was a child.

❹ 英語で自分のことを紹介したり，相手のことをたずねたりします。次の日本語の内容を伝える英語を書きなさい。表

12点（各4点）

❶ 自分が続けてしてきたこと。
❷ 相手がどんなことをしてきたのかをたずねるとき。
❸ リカが６歳からピアノの練習をしてきたことを伝えるとき。

❶	❶			
	❷			
	❸			
	❹			
❷	❶			.
	❷			.
	❸			?
	❹			.
	❺			.
❸	❶			
	❷			
	❸		❹	
❹	❶			
	❷			
	❸			

Step 1 基本チェック　Unit 3 Animals on the Red List ~ Stage Activity 1

10分

赤シートを使って答えよう！

❶ 不定詞 1

解答欄

□ ❶ 私たちにとって，その問題を理解することは大切です。
It's important [for] us [to] understand the problem.

❶

❷ 不定詞 2

□ ❶ 私はみなさんにこの事実を知ってほしいのです。
I [want] everyone [to] [know] this fact.

❶

❸ 原形不定詞

□ ❶ 1つ例を挙げてみましょう。
[Let] us [give] you one example.

❶

□ ❷ 人々はトキが安全に生きる手助けをしました。
People [helped] *toki* [live] safely.

❷

POINT

❶ 不定詞 1

It is[It's] important for us to understand the problem.
It：形式主語　for us：私たちが(にとって)　to understand：不定詞[理解することは]　[私たちにとって，その問題を理解することは大切です。]

目的語のusと不定詞のto understandで，「私たちが(にとって)＋理解する」という〈主語＋動詞〉の関係がある。

❷ 不定詞 2

I want everyone to know this fact.　[私はみなさんにこの事実を知ってほしいのです。]
want：wantやtell　everyone：目的語　to know：不定詞

目的語のeveroneと不定詞のto knowで，「みなさんが(にとって)＋知る」という〈主語＋動詞〉の関係がある。

❸ 原形不定詞

①Let us give you one example.　[1つ例を挙げてみましょう。]
give：letのときは原形(原形不定詞という)

②People helped *toki* live safely.　[人々はトキが安全に生きる手助けをしました。]
live：helpのときは原形(原形不定詞)

〈letやhelp＋人など＋動詞の原形〉の形になる。この場合にはtoを使った不定詞ではないが，原形不定詞という。

Step 2 予想問題 Unit 3 Animals on the Red List ~ Stage Activity 1

30分
(1ページ10分)

❶ 次の❶～❿は単語の意味を，⓫～⓴は日本語を英語になおしなさい。

- □❶ condition ( )　□❷ let ( )
- □❸ until ( )　□❹ die ( )
- □❺ fly ( )　□❻ drive ( )
- □❼ law ( )　□❽ report ( )
- □❾ accident ( )　□❿ corner ( )
- □⓫ 危険(性) ＿＿＿　□⓬ 生き残る ＿＿＿
- □⓭ 速く，急に ＿＿＿　□⓮ 開発 ＿＿＿
- □⓯ 破壊する ＿＿＿　□⓰ 環境 ＿＿＿
- □⓱ …を捕獲する ＿＿＿　□⓲ …を飼育する ＿＿＿
- □⓳ 政府 ＿＿＿　□⓴ トーナメント ＿＿＿

❷ ( )内に入れるのに最も適切な語の組み合わせを，㋐～㋓から選んで○で囲みなさい。

□❶ Many kinds of birds are ( ) ( ) of extinction.
㋐ so much　㋑ in danger　㋒ to survive　㋓ not only

□❷ We crossed the river ( ) ( ) one.
㋐ front of　㋑ not at　㋒ one by　㋓ all over

点UP □❸ Our lives are ( ) ( ) climate conditions.
㋐ got over　㋑ related to　㋒ going to　㋓ coming up

□❹ ( ) ( ) that opinion?
㋐ How long　㋑ Why do　㋒ Which is
㋓ What about

❸ 次の下線部の読み方が同じものには○を，違うものには×を書きなさい。

- □❶ cl<u>i</u>mate / surv<u>i</u>ve ( )　□❷ electr<u>o</u>nic / ec<u>o</u>system ( )
- □❸ l<u>aw</u> / h<u>o</u>rror ( )　□❹ f<u>ea</u>ther / y<u>ea</u>r ( )

ヒント

❶
❷Let's ...という表現があるが，これはLet usの短縮形。
❹から❽はよく使われる基本的な単語だ。
⓬つづりではvの使い方に注意しよう。
⓳つづりではnが入るところに注意しよう。

❷
❶「…の恐れがある」という表現。
❷3語で「1つ(一人)ずつ，次々と」を表す。
❸「…と関係している」という表現。

❹ 次の____に適切な語を下から選んで書きなさい。同じ語を二度使わないこと。

□ ❶ I have never heard ________ the horror story.

□ ❷ Yuta will write an article ________ his class newspaper.

□ ❸ The child was found ________ the mountains.

□ ❹ Dinosaurs died ________ long ago.

for	of	out	in

❺ 日本語に合う英文になるように，____に適切な語を書きなさい。

□ ❶ 外国について調べるのは私にとって興味深いことです。

________ is interesting ________ me ________ research on foreign countries.

□ ❷ 私はみんなにこの危険を理解してほしい。

I ________ everyone ________ ________ this danger.

□ ❸ サチはリカが動物について学ぶのを助けました。

Sachi ________ Rika ________ about animals.

□ ❹ お互いに話し合いましょう。

________ us ________ to each other.

□ ❺ 環境を守ることはみんなにとって大切です。

It is ________ for ________ to ________ the environment.

❻ 次の文を，日本語になおしなさい。

□ ❶ People tried to help these birds live safely.

(　　　　　　　　　　　　　　　　　　　　)

□ ❷ If we use more devices, we need some special metals.

(　　　　　　　　　　　　　　　　　　　　)

得点UP □ ❸ We need laws for electronic device use on the street.

(　　　　　　　　　　　　　　　　　　　　)

□ ❹ I have been practicing very hard to improve my performance.

(　　　　　　　　　　　　　　　　　　　　)

ヒント

❹

❶hear ofで「…について聞く」となる。

❷「学級新聞のための記事」という表し方。

❹「絶滅した」という表現。

❺

❶❺は〈It is ... for＋人など＋不定詞〉の文にする。

❸❹は原形不定詞を使う。

❻

❶safelyは「安全に」という意味の副詞。

❸electronic deviceは「電子機器」の意味。

❹improve my performanceは「演奏(演技)を上達させる」という意味。

 [解答▶p.6]

ヒント

❼

どれも〈It is ... + 人など + 不定詞〉の文を作る。

❽

❸原形不定詞の使い方は限定的なので，覚えておこう。

❼ 各組の文がほぼ同じ内容を表す文になるように，＿＿に適切な語を書きなさい。

□ ❶ To learn English is interesting for me.
＿＿＿＿ is interesting ＿＿＿＿ me
＿＿＿＿ ＿＿＿＿ English.

□ ❷ To be kind to foreign people is important for Japanese people.
＿＿＿＿ is important for Japanese people
＿＿＿＿ ＿＿＿＿ kind to foreign people.

□ ❸ Is playing the guitar hard for you?
Is it hard ＿＿＿＿ you ＿＿＿＿ ＿＿＿＿
the guitar?

❽ 日本語に合うように，(　)内の語句を並べかえなさい。

□ ❶ あなたにとって部屋の掃除はやさしいことですか。
(you / clean / is / to / your room / easy / it / for)?
＿＿＿＿＿＿＿＿＿＿＿＿＿＿＿＿？

□ ❷ 私はあなたに洗車の手伝いをしてほしいのです。
(you / to / wash / I / want / the car / help / me).
＿＿＿＿＿＿＿＿＿＿＿＿＿＿＿＿.

□ ❸ 私はケンタが記事を書くのを助けました。
(Kenta / write / I / the article / helped).
＿＿＿＿＿＿＿＿＿＿＿＿＿＿＿＿.

□ ❹ みんなにとって規則に従うことは必要です。
(is / everyone / it / necessary / follow / to / the rules / for).
＿＿＿＿＿＿＿＿＿＿＿＿＿＿＿＿.

❾ 次の日本語や日本語が表す状況を英語で書きなさい。

□ ❶ 「私にそれを見せて」とたのむときにletを使って。
＿＿＿＿＿＿＿＿＿＿＿＿＿＿＿＿

□ ❷ 「私たちにとって，ほかの文化を理解することは大切だ」という場合。
＿＿＿＿＿＿＿＿＿＿＿＿＿＿＿＿

Step 3 予想テスト Unit 3 Animals on the Red List ~ Stage Activity 1

30分 /100点 目標 80点

❶ 日本語に合う英文になるように，____に適切な語を書きなさい。 知 40点（各4点）

❶ そのよい結果はあなたの努力と関係していました。
That good result was ______ ______ your effort.

❷ 私はこの寒さによって病気の危険にさらされています。
I am ______ ______ ______ getting sick from this cold.

❸ 彼らは次々とその塔に登りました。
They climbed the tower ______ ______ ______.

❹ あなたの自転車の状態はどうですか。
______ ______ the condition of your bike?

❷ 日本語に合うように，(　)内の語句を並べかえなさい。 知 25点（各5点）

❶ 私にとって料理のしかたを知ることは大切です。
(to / how to / know / for / is / it / me / important / cook).

❷ 私はみなさんに環境問題を理解してほしいのです。
(understand / I / to / everyone / the environmental problem / want).

❸ 兄は私が彼のギターを弾くことを許してくれました。
(play / my brother / his guitar / me / let).

❹ ジョーは私が英語の手紙を書くのを助けてくれました。
(me / Joe / an English letter / write / helped).

❺ 私はその有名な絵画を見たことがありません。
(that / painting / I / seen / never / famous / have).

❸ 次の英文を読んであとの問いに答えなさい。 表 25点（各5点）

①Many kinds of animals are in danger of (　　). ②Today they are facing many challenges, such as climate change and human activities. It is difficult for endangered animals to survive in these conditions. It is important for us to understand this.

❶ 下線部①の文が「多くの種類の動物たちが絶滅の危険にさらされています。」という意味になるように，(　)内に入る適切な語を，㋐～㋒から選びなさい。
㋐ development　㋑ Red List　㋒ extinction

❷ 下線部②の文を日本語に訳しなさい。

❸ この英文全体で言われている内容と合っているものを，
次の㋐〜㋓から 2 つ選びなさい。 (1つ5点)

㋐ 今の条件のもとでは，絶滅の危機にさらされている動物たちが生き残るのは難しい。
㋑ 人間の活動は動物の生存におおいに役に立っている。
㋒ 多くの種類の動物たちが絶滅の危険にさらされているのは，進化の上で必然である。
㋓ 私たち人間は，多くの動物たちが絶滅の危険の中にあることを理解するべきである。

❹ この文章にタイトルをつけるとしたら，次のどれがよいか。㋐〜㋓から 1 つ選びなさい。

㋐ Human Activities　㋑ Many Challenges　㋒ Save the Animals
㋓ Climate Change

❹ 次の日本語の文を英文にしなさい。表　10点(各5点)

❶ 絶滅の危機にある動物を守ることは，私たちにとって大切だ。

❷ 私は全ての動物に生き残ってほしい。

❶	❶	❷	
	❸	❹	
❷	❶ .		
	❷ .		
	❸ .		
	❹ .		
	❺ .		
❸	❶		
	❷		
	❸	❹	
❹	❶		
	❷		

Unit 3 ~ Stage Activity 1

教科書 pp.52-55

Step 1 基本チェック Let's Read 1 A Mother's Lullaby

10分

赤シートを使って答えよう！

❶ 現在完了形(継続)

解答欄

□ ❶ 何年もの間，それは多くのことを見てきました。
Through the years, it [has] [seen] many things.

□ ❷ 私はこの二日間，札幌にいます。
I [have] [been] in Sapporo for two days.

❷「ますます…」の文(比較級)

□ ❶ 少女の声はますます弱くなりました。
The girl's voice became weaker [and] [weaker].

❸ 不定詞

□ ❶ 彼は広島を訪れた最初の現職アメリカ合衆国大統領になりました。
He became the first sitting U.S. president [to] [visit] Hiroshima.

□ ❷ 私はあなたの声を聞いてとてもうれしくなりました。
I was so glad [to] [hear] your voice.

POINT

❶ 現在完了形(継続)

①Through the years, it has seen many things. [何年もの間，それは多くのことを見てきました。]
「ずっと…してきた」のように，継続してきたことを表すときには，〈have[has]＋過去分詞〉の形にする。これを現在完了形の継続用法という。
through the yearsは，「何年もの間」という内容。itはthe treeを示している。

❷「ますます…」の文(比較級)

①The girl's voice became weaker and weaker. [少女の声はますます弱くなりました。]
〈比較級＋and＋比較級〉のように，形容詞の比較級をandでつなぐと，「ますます…」と意味を強める表現になる。

❸ 不定詞

①He became the first sitting U.S. president to visit Hiroshima.
[彼は広島を訪れた最初の現職アメリカ合衆国大統領になりました。]
to visitは不定詞で，presidentを説明(修飾)している。またこの文では，presidentはその前のthe first sitting U.S.によっても説明(修飾)されている。

Step 2 予想問題 Let's Read 1 A Mother's Lullaby

30分 (1ページ10分)

❶ 次の❶～⑩は単語の意味を書き，⑪～⑳は日本語を英語になおしなさい。

□❶ lullaby	(　　)	□❷ bomb	(　　)
□❸ shade	(　　)	□❹ dead	(　　)
□❺ real	(　　)	□❻ while	(　　)
□❼ president	(　　)	□❽ courage	(　　)
□❾ close	(　　)	□⑩ paper crane	(　　)
□⑪ 道	＿＿＿	□⑫ 弱い，かすかな	＿＿＿
□⑬ 泣く	＿＿＿	□⑭ 腕	＿＿＿
□⑮ 静かに	＿＿＿	□⑯ 平和	＿＿＿
□⑰ 死	＿＿＿	□⑱ 空	＿＿＿
□⑲ 戦争	＿＿＿	□⑳ …を追い求める	＿＿＿

❷ 次の単語の意味を書き，過去形になおしなさい。

□❶ fall	(　　)	＿＿＿
□❷ hold	(　　)	＿＿＿
□❸ rise	(　　)	＿＿＿
□❹ mean	(　　)	＿＿＿

❸ 次の下線部の発音が同じものには○を，違うものには×を書きなさい。

□❶ old / road	(　　)	□❷ real / dead	(　　)
□❸ arm / war	(　　)	□❹ weak / week	(　　)

ヒント

❶
❸ここでの使われ方以外に，「日よけ」や「ランプのかさ」のような意味もある。
❻ここでは名詞として使われているが，「…している間に」という意味で接続詞として使われることも多い。
⑪つづりに注意しよう。

❷ ミスに注意
どれも語尾にedはつかず，不規則に変化する動詞だ。

❸
❸「戦争」を意味するwarはつづりと発音が異なるので注意する。

❹ 日本語に合う英文になるように，＿＿に適切な語を書きなさい。

□❶ 何年もの間，彼は同じ仕事をし続けました。
＿＿＿＿ the ＿＿＿＿, he has been doing the same job.

□❷ しばらくして，彼女はここを離れました。
＿＿＿＿ a ＿＿＿＿, she left here.

□❸ その授業の前に，私は辞書を取り出しました。
＿＿＿＿ the class, I took out my dictionary.

❺ 日本語に合う英文になるように，＿＿に入る適切な語を下から選んで書きなさい。

□❶ その男の人が川のそばに立っていました。
The man stood ＿＿＿＿ the river.

□❷ 大きな爆弾があの街に落ちました。
A big bomb fell ＿＿＿＿ that city.

□❸ 彼女はその男の子のお母さんになろうと努めました。
She tried to be a mother ＿＿＿＿ the boy.

□❹ 彼女はまるで本当のお母さんのように彼を腕の中に抱きかかえました。
She held him ＿＿＿＿ her arms like a real mother.

to	by	in	on

❻ 各組の文がほぼ同じ意味になるように，＿＿に適切な語を書きなさい。

得点UP

□❶ She was very happy when she read the book.
She was very happy ＿＿＿＿ ＿＿＿＿ the book.

□❷ I saw something behind the building. That was red.
I saw ＿＿＿＿ ＿＿＿＿ behind the building.

□❸ To write letters in English is difficult for me.
It is difficult for me ＿＿＿＿ ＿＿＿＿ letters in English.

ヒント

❹
どれも時の経過を表す語句だ。
❶と❷は冠詞も含めれば3語の成句。
❸は，ここでは前置詞としての使われ方だ。

❺
前置詞のおおよその意味を覚えよう。

❻
❶❸不定詞を使う。
❷「赤い何ものか」を表す。形容詞はsomethingのうしろにつく。

 ［解答▶p.8］

ヒント

❼ 日本語に合う英文はどちらが適切か，記号で答えなさい。

□❶ 私はこのコンピュータを使い続けたいです。（　　　）
㋐ I want keeping to use this computer.
㋑ I want to keep using this computer.

□❷ 彼女はそのことについて話すのを止めませんでした。（　　　）
㋐ She never stopped talking about it.
㋑ She never stopped to talk about it.

□❸ ケンゴは動物の絶滅について学ぶことを決心しました。（　　　）
㋐ Kengo decided learning about animal extinction.
㋑ Kengo decided to learn about animal extinction.

❼
動詞によっては，そのうしろに不定詞だけがくるもの，動名詞だけがくるもの，どちらがきてもよいもの，不定詞と動名詞とでは意味が違ってくるものという種類がある。

❽ 次の英文を日本語にしなさい。

□❶ You'll be all right.
（　　　　　　　　　　　　　　　　　　　　　　　）

得点UP
□❷ It's raining harder and harder today.
（注）hard＝ここでは，「強く，激しく」の意。
（　　　　　　　　　　　　　　　　　　　　　　　）

□❸ We have known the agony of war.
（　　　　　　　　　　　　　　　　　　　　　　　）

□❹ It is worth protecting, and then extending to every child.
（　　　　　　　　　　　　　　　　　　　　　　　）

❽
❶そばにいる人を励ます言葉だ。
❸現在完了形が使われているので，「すでに…だ」という内容だ。
❹worth ...ingで「…するだけの価値がある」を表す。

Let's Read 1

❾ 教科書pp.52～55を見て，次の質問に英語で答えなさい。

□❶ What happened to the people after the big bomb fell?

□❷ What happened to the little boy and young girl in the morning?

□❸ When did Obama give a speech in Hiroshima?

❾
いろいろな解答例があるので，自分なりに考えて書こう。

教科書 pp.57-69

Step 1 基本チェック　Unit 4 Be Prepared and Work Together ~ Learning CIVICS in English

20分

赤シートを使って答えよう！

❶ 間接疑問文

解答欄

□ ❶ 地元の避難所はどこですか。
[Where] [is] the local shelter?

□ ❷ 地元の避難所がどこにあるかを知っています。
I know [where] the local shelter [is].

□ ❸ 彼女が何を言っているのか聞こえません。
I cannot hear [what] she is saying.

❶
❷
❸

❷ 〈動詞＋人＋whatなどで始まる節〉

□ ❶ あなたは何をしたところですか。
[What] have you [done]?

□ ❷ あなたが何をしたところか話してください。
[Tell] me [what] you have [done].

□ ❸ 私がどちらのバスに乗ればいいか教えていただけますか。
Could you tell [me] [which] bus I should take?

❶
❷
❸

POINT

❶ 間接疑問文

①Where is the local shelter?　[地元の避難所はどこですか。]　場所をたずねる疑問文(復習)

②I know where the local shelter is.　[地元の避難所がどこにあるかを知っています。]

疑問詞で始まる疑問文が文の中に置かれ，knowなどの動詞の目的語になった文を間接疑問文という。

間接疑問文は，疑問詞のあとが普通の文と同じ語順〈主語＋動詞〉になる。

❷ 〈動詞＋人＋whatなどで始まる節〉

①What have you done?　[あなたは何をしたところですか。]　「何を」とたずねる疑問文(復習)

②Tell me what you have done.　[あなたが何をしたところか話してください。]

❶の間接疑問文では，where以下がknowの目的語になっていたが，ここではwhatの前にmeというもうひとつ目的語が加わっている。

この場合でもwhat以下の節は普通の文と同じ語順〈主語＋動詞〉になる。

❸ 現在分詞(後置修飾)

解答欄

□❶ 私たちは通り過ぎようとする警察官に話しかけました。
We spoke to a police officer [passing] [by].

❶

□❷ 今，歌を歌っている女の子はリカです。
The girl [singing] a song now [is] Rika.

❷

□❸ 本を読んでいる男の子を知っていますか。
Do you know the boy [reading] a book?

❸

❹ 過去分詞(後置修飾)

□❶ 彼らは英語で与えられた指示に従いました。
They followed instructions [given] in English.

❶

□❷ タクヤがとった写真はきれいです。
The pictures [taken] by Takuya are beautiful.

❷

□❸ これは日本で作られた自動車です。
This is the car [made] in Japan.

❸

POINT

❸ 現在分詞(後置修飾)

「…している」のように，人やものを説明するときには，〈動詞のing形＋名詞〉で表す。ただし，動詞のing形(現在分詞)のあとに語句が続く場合には，〈名詞＋現在分詞＋語句〉の形になる。

・現在分詞の１語だけで名詞を修飾する場合

We spoke to a standing police officer.　[私たちは立っている警察官に話しかけました。]

名詞の前

・現在分詞のあとに語句が続いて名詞を修飾する場合

We spoke to a police officer passing by.　[私たちは通り過ぎようとする警察官に話しかけました。]

名詞の後ろから修飾

❹ 過去分詞(後置修飾)

「…された」と人やものを説明するときも，過去分詞のあとに語句が続く場合には，〈名詞＋過去分詞＋語句〉の形になる。

・過去分詞の１語だけで名詞を修飾する場合

This is a used car.　[これは使われた車[中古車]です。]

１語だけで名詞を修飾

過去分詞の１語だけで名詞を修飾するときには名詞の前に過去分詞がくる。

・過去分詞のあとに語句が続いて名詞を修飾する場合

They followed instructions given in English.　[彼らは英語で与えられた指示に従いました。]

名詞を過去分詞が後ろから修飾(形容詞の働き)

Step 2 予想問題 Unit 4 Be Prepared and Work Together ~ Learning CIVICS in English

40分 (1ページ10分)

❶ 次の①～⑩は単語の意味を，⑪～⑳は日本語を英語になおしなさい。

- □ ① prepared ( ) □ ② disaster ( )
- □ ③ shelter ( ) □ ④ store ( )
- □ ⑤ emergency ( ) □ ⑥ terrible ( )
- □ ⑦ finally ( ) □ ⑧ latest ( )
- □ ⑨ resident ( ) □ ⑩ simple ( )
- □ ⑪ 道具一式 ＿＿＿ □ ⑫ 調査 ＿＿＿
- □ ⑬ 地震 ＿＿＿ □ ⑭ 揺れ ＿＿＿
- □ ⑮ (…を)こわがって ＿＿＿ □ ⑯ 幸運にも ＿＿＿
- □ ⑰ 避難 ＿＿＿ □ ⑱ 指示 ＿＿＿
- □ ⑲ シミュレーション ＿＿＿ □ ⑳ インタビューする ＿＿＿

❷ 次の語を( )内の指示に従って書きかえなさい。

- □ ① do (過去分詞に) ＿＿＿
- □ ② give (過去分詞に) ＿＿＿
- □ ③ they (he→himselfと同じ関係に) ＿＿＿
- □ ④ drive (過去形に) ＿＿＿

❸ 次の下線部の読み方が同じものには○を，違うものには×をつけなさい。

- □ ① survey / simulation ( ) □ ② for / store ( )
- □ ③ done / fun ( ) □ ④ resident / ecosystem ( )

❹ ( )内に入れるのに最も適切な語を，㋐～㋓から選んで○で囲みなさい。

点UP □ ① We will call you ( ) ( ) ( ) a disaster.
㋐ the other side ㋑ in case of ㋒ and so on
㋓ in your hand

ヒント

❶
①動詞prepare「準備をする，備える」の形容詞形。
④「店」という意味もあるがここでは違う。
⑧形容詞late「おくれた」が最上級となった語。
⑪日本語としてもよく使われる。
⑬長い単語だが日本の現実ではよくある現象なので覚えよう。
⑲⑳ ミスに注意 どちらも日本語化した外来語として使われるが，つづりには注意する。

❷
①②④どれも不規則変化の動詞なので覚えてしまおう。

❹
①「災害の場合には」という意味の語句を考える。

 [解答▶p.9]

□❷ I am (　　) tired (　　) walk any more.
㋐ not, but　㋑ if, don't　㋒ but, also　㋓ too, to

□❸ He (　　) (　　) to check for rain.
㋐ came in　㋑ got out　㋒ climbed on　㋓ has been

□❹ I saw Takeru (　　) (　　) (　　) back.
㋐ on the way　㋑ in my house　㋒ on nine o'clock
㋓ to go from

□❺ Saki (　　) (　　) the class newspaper to everyone.
㋐ bought to　㋑ heard of　㋒ gave to　㋓ handed out

ヒント

❸雨が降っているかどうかを確かめるためにした行動は？

❺「配る」という意味の語句。

❺ 日本語に合う英文になるように，＿＿に適切な語を書きなさい。

□❶ 私には災害に対する備えがあります。
I am ＿＿＿＿ for a ＿＿＿＿.

□❷ 彼女は部屋に非常用の用具を備えています。
She keeps an ＿＿＿＿ ＿＿＿＿ in her room.

□❸ その建物はひどい揺れによって壊れてしまいました。
The building was destroyed by the ＿＿＿＿
＿＿＿＿.

□❹ 多くの人は地震をこわがっています。
A lot of people are ＿＿＿＿ of an ＿＿＿＿.

□❺ 私たちは外国人居住者のために英語の地図を作りました。
We made English map for ＿＿＿＿ ＿＿＿＿.

❺
❶❷❹❺はどれも❶の問題で出てきた単語を思い出そう。

❻ 次の＿＿に適切な語を下から選んで書きなさい。同じ語を二度使わないこと。

□❶ I have been staying in my house ＿＿＿＿ three hours.

□❷ I went to that town ＿＿＿＿ train.

□❸ We found it ＿＿＿＿ the internet.

□❹ I saw Ms.Kitamura ＿＿＿＿ our school.

on	by	at	for

❻
❸テレビやインターネット「を使って，の上で」というときに使う前置詞は？

❼ 日本語に合う英文になるように，次の疑問文を間接疑問文の形に書きかえなさい。

□❶ What did they say?
(私は彼らが何を言ったのかわかりませんでした。)
I didn't know ＿＿＿＿＿＿＿＿＿＿＿＿＿＿＿＿.

□❷ When did Riko leave here?
(リコがいつここを出発したのか知っていますか。)
Do you know ＿＿＿＿＿＿＿＿＿＿＿＿＿＿＿＿?

□❸ Where is she?
(リコのお母さんは彼女がどこにいるかを知っています。)
Riko's mother knows ＿＿＿＿＿＿＿＿＿＿＿＿＿＿＿＿.

点UP □❹ Why did Kohei do such a thing?
(コウヘイがなぜそんなことをしたのか私にはわかりません。)
I don't know ＿＿＿＿＿＿＿＿＿＿＿＿＿＿＿＿.

□❺ What time is it?
(今何時かわかりますか。)
Do you know ＿＿＿＿＿＿＿＿＿＿＿＿＿＿＿＿?

ヒント

❼
❶❷❹疑問詞以下の節で使われる動詞の時制に注意する。

どの問題も語順についてよく考えよう。

❽ 次の文に対する応答として適切なものを下の㋐〜㋔から選びなさい。

□❶ Where would you like to go? (　　)

□❷ Can you tell me where the bus stop is? (　　)

□❸ Is there anything I can do for you? (　　)

□❹ Could you open the window? (　　)

□❺ Can I leave a message for her? (　　)

㋐ All right. Do you want me to open the door, too?
㋑ Sure. I'll tell her later.
㋒ It's just around the corner.
㋓ I want to go to Shibuya station.
㋔ Thank you. Could you help me buy a ticket?

❽
わかるものから選んで，消去法で考える方法もある。そのときには，あてはめた問答がパズルのようにぴったり合うかどうかを確かめよう。

9 次の日本語に合うように，(　)内の語句を並べかえなさい。

□❶ 公園で自転車に乗っている少年を知っていますか。
Do you know (riding / in the park / the boy / a bike)?
Do you know ＿＿＿＿＿＿＿＿＿＿＿＿＿＿＿＿?

□❷ 彼と話している女の子は彼の妹です。
(talking / is / the girl / him / with) his sister.
＿＿＿＿＿＿＿＿＿＿＿＿＿＿＿＿ his sister.

□❸ タカシは中国で作られたシャツを買いました。
(a shirt / in / Takashi / China / made / bought).
＿＿＿＿＿＿＿＿＿＿＿＿＿＿＿＿.

□❹ ハナが描いた絵を見に行きましょう。
Let's go (the picture / to see / by / Hana / painted).
Let's go ＿＿＿＿＿＿＿＿＿＿＿＿＿＿＿＿.

□❺ 私はだれがこの本を書いたのか知りません。
I don't (wrote / who / know / this book).
I don't ＿＿＿＿＿＿＿＿＿＿＿＿＿＿＿＿.

点UP □❻ この国で話されている言語は何ですか。
(the language / is / what / in / this country / spoken)?
＿＿＿＿＿＿＿＿＿＿＿＿＿＿＿＿?

□❼ そのコンビニエンスストアで働いている女の子はとても親切です。
The girl (very / is / working / in the convenience store / kind).
The girl ＿＿＿＿＿＿＿＿＿＿＿＿＿＿＿＿.

10 次の日本語に合うように，(1)〈so ... that ～〉と(2)〈too ... to ～〉の英文をそれぞれ書きなさい。

□❶ 彼女はとても疲れていたので，速く走れませんでした。
(1) ＿＿＿＿＿＿＿＿＿＿＿＿＿＿＿＿
(2) ＿＿＿＿＿＿＿＿＿＿＿＿＿＿＿＿

□❷ このスープは熱すぎて私には食べられません。
(1) ＿＿＿＿＿＿＿＿＿＿＿＿＿＿＿＿
(2) ＿＿＿＿＿＿＿＿＿＿＿＿＿＿＿＿

ヒント

9
現在分詞や過去分詞が名詞をうしろから修飾する形をよく考える。
❻は受け身の形の疑問文。

10
〈so ... that ～〉は「とても…なので～だ」，〈too ... to ～〉は「あまりにも…なので～できない」と同じような内容を表すことができる。否定の意味の表し方に注意をする。

Step 3 予想テスト Unit 4 Be Prepared and Work Together ~ Learning CIVICS in English

30分 /100点 目標 80点

❶ 日本語に合う英文になるように，____に適切な語を書きなさい。知 42点(各3点)

❶ 私にはするべきことが多すぎます。 There are ____ many things ____ do for me.

❷ 私はあなたと北海道に行きたいのですが。
I would ____ ____ go to Hokkaido with you.

❸ 私たちは災害の場合に非常用具一式を持っています。
We have an emergency kit ____ ____ ____ a disaster.

❹ 彼は地震のとき，家から外に出ました。
He ____ ____ of his house when the earthquake hit.

❺ この新聞はミホによって配られました。 This newspaper was ____ ____ by Miho.

❻ 帰る途中では雨が降っていました。 It rained ____ the ____ ____.

❷ 日本語に合う英文になるように，(　)内の語句を並べかえなさい。知 20点(各4点)

❶ 私はあの本がどこにあるか知っています。
(where / is / that / know / book / I).

❷ あなたは美術館が何時に開館するか知っていますか。
(the museum / do / know / what time / opens / you)?

❸ あなたがそのコンピュータをどのように使っているか教えてください。
Please (use / how / you / tell / the computer / me).

❹ 犬を連れて歩いている女の子は私の妹です。
(with / is / the girl / walking / my sister / a dog).

❺ 父は誕生日プレゼントとして私にドイツ製の腕時計を贈ってくれました。
(a watch / my father / me / in / Germany / made / gave) as a birthday present.

❸ 次の英文を読んで，あとの問いに答えなさい。表 20点(各5点)

①Every year, more and more foreign people are coming to live in Japan. ②The number of tourists visiting Japan is growing, too. Many of them don't know what to do in an earthquake. ③It's necessary for us to be prepared to help them.

Wakaba City had an evacuation drill for foreign residents and visitors yesterday. In the drill, they experienced some simulations and learned how they can protect themselves. ④(in / instructions / they / given / followed) English and easy Japanese.

❶ 下線部①で，ますます多くの外国人が日本に来るのは何のためだと言っていますか。日本語で答えなさい。

❷ 下線部②では，下線部①の文を受けて，「…もまた」増えていると言っています。増えているのはどのような人たちですか。日本語で答えなさい。

❸ 下線部③では，下線部①や②で言われたような外国の人たちに，私たちはどんなことをする必要があると言っているのですか。日本語で答えなさい。

❹ 下線部④が「彼らは英語ややさしい日本語で与えられた指示に従いました」という意味になるように，(　)内の語句を並べかえなさい。

❹ 手助けを申し出たり応じたりする，次の言い方を英語にしなさい。 表　18点（各9点）

❶ 何かできることはありますか。

❷ バス停がどこにあるか，教えていただけますか。

❶	❶	❷	
	❸	❹	
	❺	❻	
❷	❶ .		
	❷ ?		
	❸ Please .		
	❹ .		
	❺ as a birthday present.		
❸	❶		
	❷		
	❸		
	❹ English and easy Japanese.		
❹	❶		
	❷		

Step 1 基本チェック　Unit 5 A Legacy for Peace ~ Stage Activity 2

20分

赤シートを使って答えよう！

❶ 名詞を修飾する文

解答欄

□❶ 私はインターネットで１枚の写真を見つけました。
[I] [found] a picture on the internet.

❶

□❷ これは私がインターネットで見つけた写真です。
This is a picture [I] [found] on the internet.

❷

❷ 関係代名詞who

□❶ ガンディーは多くの人々に影響を及ぼした人です。
Gandhi is a man [who] has influenced a lot of people.

❶

□❷ こちらは１位をとった女の子です。
This is the girl [who] won first place.

❷

POINT

❶ 名詞を修飾する文

①I found a picture on the internet. ［私はインターネットで１枚の写真を見つけました。］
（I＝主語　found＝動詞　a picture＝目的語）

〈主語＋動詞＋目的語〉の文。（復習）

②This is a picture I found on the internet. ［これは私がインターネットで見つけた写真です。］
（a picture＝名詞　I found＝主語＋動詞　後ろから修飾　I found on the internetがa pictureを修飾している。）

写真がどのような写真なのかという情報を加えて説明している。これを「修飾する」という。
名詞を後ろから修飾する文の形を後置修飾という。

❷ 関係代名詞who

①Gandhi is a man who has influenced a lot of people.
［ガンディーは多くの人々に影響を及ぼした人です。］

Gandhi is a man. He has influenced a lot of people.
［ガンディーは男の人です。彼は多くの人々に影響を及ぼしました。］

２つの文を関係代名詞のwhoでつなぐと１つの文になる。関係代名詞は，接続詞のように文を関係づける働きと代名詞を兼ねた働きをする。

who has influenced a lot of peopleはa manを修飾している。関係代名詞を含む節が修飾する名詞を先行詞という。先行詞が人の場合には関係代名詞はwhoを使う。

❸ 主格の関係代名詞that [which, who]

解答欄

□❶ これは人々を楽しくする映画です。
This is a movie [that [which]] makes people happy.
❶

□❷ 向こうに立っている女の子は，私の友だちのリサです。
The girl [who [that]] is standing over there is my friend Risa.
❷

□❸ これは2000年に建てられた学校です。
This is a school [that [which]] was built in 2000.
❸

❹ 目的格の関係代名詞that [which]

□❶ これは私がインターネットで見つけた写真です。
This is a picture [that [which]] I found on the internet.
❶

□❷ これは父が撮った写真です。
This is a picture [that [which]] my father took.
❷

POINT

❸ 主格の関係代名詞that [which, who]

①This is a movie that [which] makes people happy. [これは人々を楽しくする映画です。]
関係代名詞(主格)

that [which]がそのあとに続く文の主語の役割をしている。これを主格の関係代名詞という。
that [which] makes people happyはa movieを修飾している。
先行詞がもののときには関係代名詞はthatもしくはwhichを使う。thatは先行詞が人の場合でもものの場合でも使うことができる。

②The girl who [that] is standing over there is my friend Risa.
関係代名詞(主格) [向こうに立っている女の子は，私の友だちのリサです。]

先行詞が人の場合には関係代名詞はwhoもしくはthatを使う。

❹ 目的格の関係代名詞that [which]

①This is a picture that [which] I found on the internet.
関係代名詞(目的格) [これは私がインターネットで見つけた写真です。]

that [which]がそのあとに続く文の目的語の役割をしている。これを目的格の関係代名詞という。
that [which] I found on the internetはa pictureを修飾している。
目的格の関係代名詞でも，先行詞がもののときには関係代名詞はthatもしくはwhichを使う。
❶の「名詞を修飾する文」で出てきたThis is a picture I found on the internet.は，目的格の関係代名詞が省略された形といえる。目的格の関係代名詞は省略することができる。

教科書 pp.71-86

Step 2 **予想問題**

Unit 5 A Legacy for Peace ~ Stage Activity 2

❶ 次の単語の意味を書きなさい。

- □ ❶ legacy ( )
- □ ❷ person ( )
- □ ❸ greatly ( )
- □ ❹ born ( )
- □ ❺ international ( )
- □ ❻ violence ( )
- □ ❼ fight ( )
- □ ❽ protest ( )
- □ ❾ tough ( )
- □ ❿ accept ( )
- □ ⓫ unfair ( )
- □ ⓬ angry ( )
- □ ⓭ lead ( )
- □ ⓮ colony ( )
- □ ⓯ tax ( )
- □ ⓰ expensive ( )
- □ ⓱ almost ( )
- □ ⓲ reach ( )
- □ ⓳ news ( )
- □ ⓴ populous ( )
- □ ㉑ discover ( )
- □ ㉒ pretty ( )
- □ ㉓ behavior ( )
- □ ㉔ instead ( )

❷ 次の日本語を英語になおしなさい。

- □ ❶ …を尊敬する ______
- □ ❷ 非暴力の ______
- □ ❸ 独立 ______
- □ ❹ たたかい ______
- □ ❺ 抗議 ______
- □ ❻ 差別 ______
- □ ❼ 自由に ______
- □ ❽ 歩道 ______
- □ ❾ 運動 ______
- □ ❿ 塩 ______
- □ ⓫ キロメートル ______
- □ ⓬ 増加 ______
- □ ⓭ 力強い，有力な ______
- □ ⓮ 10億 ______
- □ ⓯ 登場人物 ______
- □ ⓰ 布，服地 ______

❸ ( )内の指示に従って書きかえなさい。

- □ ❶ think (過去形に) ______
- □ ❷ win (過去形に) ______
- □ ❸ law (teach→teacherと同じ関係に) ______
- □ ❹ lead (teach→teacherと同じ関係に) ______

ヒント

❶
❼❽どちらも動詞としても名詞としても使われる。

❷
❻世界中で人々の重要な課題として取り上げられている単語なので，この機会に覚えよう。
❼名詞のfreedom「自由」や形容詞のfree「自由な」とは異なる。
⓫日本語になっている語感とはつづりが異なる点に注意する。

❸
❸erをつけるだけではない点に要注意。

 [解答▶pp.11-12]

ヒント

❹ 次の下線部の読み方が同じものには○を，違うものには×をつけなさい。

□❶ born / forget (　　)
□❷ birthday / person (　　)
□❸ salt / almost (　　)
□❹ tough / tour (　　)

❺ (　)内に入る適切な語句を㋐～㋓から選んで，記号で答えなさい。

□❶ I'll (　　) (　　) working until the afternoon.
㋐ get up　㋑ go on　㋒ live on　㋓ come in

□❷ We are leaving (　　) (　　) it is raining.
㋐ so that　㋑ but also　㋒ because of　㋓ even if

□❸ He was sick in (　　) (　　).
㋐ those days　㋑ many times　㋒ his day
㋓ our week

□❹ A unicycle is a (　　) (　　) bike.
㋐ different from　㋑ all best　㋒ kind of
㋓ not always

❺
❶「…をする」という表現。
❷「たとえ…でも」を表す語句。
❹「一種の…」を表す。

❻ 次の＿＿に適切な語を下から選んで書きなさい。同じ語を二度使うことがある。

□❶ She stood ＿＿＿＿ to speak out.
□❷ Our school was an old building ＿＿＿＿ that time.
□❸ You must fold this umbrella ＿＿＿＿ here.
点UP □❹ I studied in the library instead ＿＿＿＿ staying home.

on　of　at　up

❻ ミスに注意
❷「その当時」を表す。
❸「～を折りたたむ」という意味となる。
❹「…のかわりに」を表す。

❼ 次の文を日本語になおしなさい。

□❶ This is a book my mother bought me last Sunday.
(　　　　　　　　　　　　　　　　)

□❷ It is the tallest tower I have ever seen.
(　　　　　　　　　　　　　　　　)

□❸ Do you know the movie he saw last week?
(　　　　　　　　　　　　　　　　)

❼
どの英文も関係代名詞が省略された形になっている。どこにどんな関係代名詞が入るのかを考えて日本語に訳す。

8 日本語に合う英文になるように，(　)内から適切な語を選び，正しいほうに○をつけなさい。

□ 1 ユウタは私たちの野球チームでプレーする少年です。
Yuta is a boy (who,　which) plays in our baseball team.

□ 2 それはミズキが先週図書館で借りてきた本です。
It's a book (who,　that) Mizuki borrowed from the library last week.

□ 3 彼は私が見た男の人ではありません。
He isn't the man (which,　that) I saw.

ヒント

8 関係代名詞以下の文が修飾する名詞は先行詞というが，先行詞が「人」の場合と「もの」の場合で関係代名詞も違ってくる。

9 次の2つの文を，関係代名詞を使って1つの文に書きかえなさい。

□ 1 I bought a bag.
This is the bag.
This is the bag ____________________.

□ 2 You use a computer.
Please show me the computer.
Please show me ____________________.

□ 3 They have some pictures.
I took them last year.
They have ____________________.

□ 4 He is the actor.
He is popular among young people.
He is ____________________.

9

関係代名詞は何を使うか，またどの位置に入るかを考える。

10 次の文で，関係代名詞が省略されている位置を選び，記号で答えなさい。

□ 1 Nara is ア the old イ capital ウ I like the best エ in Japan.

□ 2 She has the ア watch イ I have ウ wanted エ .

得点UP □ 3 Is that ア the watch イ you ウ are looking for エ ?

10 関係代名詞が入る位置は，その前の先行詞が何かを考える。

 [解答▶p.12]

⑪ 日本語に合うように，(　)内の語句を並べかえなさい。

□❶ 木のそばに立っている女の子をごらんなさい。
(is standing / the girl / at / near the tree / look / who).

＿＿＿＿＿＿＿＿＿＿＿＿＿＿＿＿＿＿＿＿＿＿＿＿＿＿＿＿＿＿.

□❷ これはカズオ・イシグロが約20年前に書いた物語です。
(wrote / twenty years ago / Kazuo Ishiguro / is / the story / that / about / this).

＿＿＿＿＿＿＿＿＿＿＿＿＿＿＿＿＿＿＿＿＿＿＿＿＿＿＿＿＿＿.

□❸ あなたが昨日買った本を私に見せてください。
(which / show / you / yesterday / the book / bought / me).

＿＿＿＿＿＿＿＿＿＿＿＿＿＿＿＿＿＿＿＿＿＿＿＿＿＿＿＿＿＿.

□❹ 私にはデパートで働く叔母がいます。
(works / who / an aunt / at / I / the department store / have).

＿＿＿＿＿＿＿＿＿＿＿＿＿＿＿＿＿＿＿＿＿＿＿＿＿＿＿＿＿＿.

点UP □❺ あなたは大阪から出発した列車に乗ったのですか。
(you / started / that / did / from / take / the train / Osaka)?

＿＿＿＿＿＿＿＿＿＿＿＿＿＿＿＿＿＿＿＿＿＿＿＿＿＿＿＿＿＿?

□❻ あなたは江戸時代に松尾芭蕉によって作られた俳句を知っていますか。
(the haiku / were written / in the Edo period / do / know / by Matsuo Basho / you / that)?

＿＿＿＿＿＿＿＿＿＿＿＿＿＿＿＿＿＿＿＿＿＿＿＿＿＿＿＿＿＿?

ヒント

⑪
文頭の語句が与えられていないので，文の最初にどのような語句がくるのかをまず考える。
❸「私に見せてください」の部分が文の初めにくる。
❻一見複雑そうな文だが，「あなたは俳句を知っていますか」の文を作ってから，どんな俳句かを関係代名詞を使ってつないでいく。

⑫ 次の日本語や日本語が表す状況を英語にしなさい。ただし，(　)内の指示に従うこと。

□❶ 私はお年寄りを助ける医者になりたいと思います。
(関係代名詞whoを使って)

＿＿＿＿＿＿＿＿＿＿＿＿＿＿＿＿＿＿＿＿＿＿＿＿＿＿＿＿＿＿

□❷ これは私が長い間ほしかった自転車です。(関係代名詞whichを使って)

＿＿＿＿＿＿＿＿＿＿＿＿＿＿＿＿＿＿＿＿＿＿＿＿＿＿＿＿＿＿

□❸「先週買ったTシャツをさがしているのですか」と相手にたずねるとき。(関係代名詞を省略して)

＿＿＿＿＿＿＿＿＿＿＿＿＿＿＿＿＿＿＿＿＿＿＿＿＿＿＿＿＿＿

⑫
❶「お年寄り」はelderly people。
❷「長い間」はfor a long time。
❸「…をさがす」はlook for。

[解答▶p.12]

Step 3 予想テスト Unit 5 A Legacy for Peace ~ Stage Activity 2

30分 /100点 目標 80点

1 日本語と合う英文になるように，____に入る適切な語を書きなさい。知 40点（各4点）

1 たとえ寒くてもこの木は育ちます。
____ ____ it's cold, this tree will grow.

2 パンダはクマの一種です。
Pandas are a ____ ____ bear.

3 その当時，人々は貧しかったのです。
People were poor at ____ ____.

4 父は会社に行くかわりに家で仕事をしました。
My father worked at home ____ ____ going to the office.

5 彼は午前中いっぱい自転車をこぎ続けました。
He ____ ____ riding his bike all morning.

2 教科書pp.76～77を読んで，次の問いに対する答えとして適切なものを，下の㋐～㋓から選んで記号で答えなさい。知 20点（各5点）

1 What did Gandhi do in South Africa?
㋐ writer ㋑ leader ㋒ president ㋓ lawyer

2 How did Gandhi work for Indian independence?
㋐ march ㋑ non-violence ㋒ follower ㋓ violence

3 What did Gandhi continue to do?
㋐ protest for South Africa ㋑ use violence
㋒ peaceful fight ㋓ against the law

4 When did India win its independence?
㋐ 1869 ㋑ 1893 ㋒ 1930 ㋓ 1947

3 次の英文を読んで，あとの問いに答えなさい。表 30点（各6点）

①Gandhi returned to (　　) in 1915. ②India was also a British colony. In those days, ③there was a law that the British made for salt. ④(produce or sell / the British / the law / salt / , / only / could / according to). They put a heavy tax on it. The Indians were very poor, but they had to buy expensive salt. The money went to the British. ⑤Gandhi thought it was (　　).

❶ 下線部①で，1915年にガンディーはどこに戻ってきたのですか。(　)に入る地名を下から選んで書きなさい。

British　India　South Africa

❷ 下線部②で，当時インドはイギリスとはどういう関係でしたか。下から選んで書きなさい。

㋐ イギリスの友好国　㋑ イギリスを統治する国　㋒ イギリスの植民地

❸ 下線部③を日本語にしなさい。

❹ 下線部④が「その法律によれば，イギリス人だけが塩を作ったり売ったりできた」という内容になるように，語句を並べかえなさい。

❺ 下線部⑤で，ガンディーはどのようなことを思ったのか。(　)に入る適切な語を下から選んで書きなさい。

angry　right　unfair　peaceful

❹ 次の日本語を英文にしなさい。表

10点（各5点）

❶ 元日は，１年の最初の日です。

❷ たくさんの日本人が，日の出を見て，神社やお寺を訪れます。

❶	❶		❷	
	❸		❹	
	❺			
❷	❶	❷	❸	❹
❸	❶		❷	
	❸			
	❹			.
	❺			
❹	❶			
	❷			

Step 1 基本チェック Unit 6 Beyond Borders ~ Stage Activity 3

20分

赤シートを使って答えよう！

❶ [～であればいいのになあ]

□❶ 学校に行くことができたらいいのになあ。
I [wish] I [could] go to school.

□❷ ペンやノートを持っていればいいのになあ。
I [wish] I [had] pens and notebooks.

❷ [もし～だったら…するでしょう]

□❶ もし私があなただったら，友達に助けを求めるでしょう。
If I [were] you, I [would] ask my friends for help.

解答欄

❶

❷

❶

POINT

❶ [～であればいいのになあ]

・I can't go to school.　[私は学校に行くことができません。]
学校に行くことができないという「事実」を伝えている。（復習）

・I wish I could go to school.　[学校に行くことができればいいのになあ。]
学校に行くことができればいいのにという事実とは異なる「願望」を伝えている。
「～であればいいのに」という，現実とは異なること，あるいは実現できない願望を表すときは，〈I wish＋主語＋過去形～.〉の形を使う。
これを仮定法という。I wishに続く文の動詞や助動詞は過去形を使う。

・I wish I had pens and notebooks.　[ペンやノートを持っていればいいのになあ。]
wish：現在形　had：過去形

❷ [もし～であれば…するでしょう]

・If it is sunny tomorrow, I will go fishing.　[もし明日晴れれば，つりに行きます。]
「～ならば…するでしょう」という「あり得る仮定」を表している。（復習）

・If I were you, I would ask my friends for help.
[もし私があなたなら，友達に助けを求めるでしょう。]
「もし～なら…するのに(…だろうに)」という，現実とは異なる想定を伝えている。これをIfを使った仮定法過去という。

If I were you, I would ask my friends for help.
were：過去形　ask：動詞の原形　would：助動詞の過去形(couldやmightなども使われる)

❸ [もし～であれば…するでしょう]

解答欄

□❶ もしも私がランドセルを持っていれば，寄付するでしょう。
If I [had] a school backpack, I [would] donate it.

❶

❹ [主語を説明する関係代名詞]

□❶ 私たちが毎日目にする多くのものは海外から来ています。
Many things [that] we [see] every day [come] from overseas.

❶

POINT

❸ [もし～であれば…するでしょう]

①If I were you, I would ask my friends for help.
[もし私があなたなら，友達に助けを求めるでしょう。]

②If I had a school backpack, I would donate it.
[もしも私がランドセルを持っていたら，寄付するでしょう。]

①の文はIf Iに続く動詞がbe動詞の過去形だが，②の文のようにIf Iに続く動詞が一般動詞でも過去形を使う。

・If I had a school backpack, I would donate it.
（had：過去形／would：過去形）

❹ [主語を説明する関係代名詞]

・Many things that we see every day come from overseas.
[私たちが毎日目にする多くのものは海外から来ています。]

文全体の主語はmany thingsで，主語に対する動詞を含む部分はcome from overseasである。「多くのものは」「海外から来ています」が文の基本部分だ。主語のmany thingsを後から説明しているのが関係代名詞thatを含む節のthat we see every day「私たちが毎日目にする」の部分となる。

Many things that we see every day come from overseas.
（Many things：主語／that we see every day：主語を説明する節（接触節）／come from overseas：動詞）

例

・The cake which your sister made is delicious.
[あなたのおねえさんがつくったケーキはおいしいです。]

・The people that we met yesterday were very kind to us.
[私たちが昨日会った人たちは私たちにとても親切でした。]

・The book that I read last week was very interesting.
[私が先週読んだ本はたいへん興味深かったです。]

教科書 pp.89-104

Step 2 予想問題 Unit 6 Beyond Borders ~ Stage Activity 3

40分 (1ページ10分)

❶ 次の単語の意味を書きなさい。

- □ ❶ campaign (　　　)
- □ ❷ unused (　　　)
- □ ❸ supplies (　　　)
- □ ❹ definitely (　　　)
- □ ❺ imagine (　　　)
- □ ❻ ready (　　　)
- □ ❼ service (　　　)
- □ ❽ exchange (　　　)
- □ ❾ depend (　　　)
- □ ❿ import (　　　)
- □ ⓫ pork (　　　)
- □ ⓬ coat (　　　)
- □ ⓭ surround (　　　)
- □ ⓮ daily (　　　)
- □ ⓯ interdependent (　　　)
- □ ⓰ beef (　　　)
- □ ⓱ domestic (　　　)
- □ ⓲ cheep (　　　)
- □ ⓳ seem (　　　)
- □ ⓴ transport (　　　)

❷ 次の日本語を英語になおしなさい。

- □ ❶ 国境 ＿＿＿＿
- □ ❷ 関係 ＿＿＿＿
- □ ❸ バックパック ＿＿＿＿
- □ ❹ 寄付する ＿＿＿＿
- □ ❺ …を受け取る ＿＿＿＿
- □ ❻ …を励ます ＿＿＿＿
- □ ❼ 息子 ＿＿＿＿
- □ ❽ 建物 ＿＿＿＿
- □ ❾ 空気 ＿＿＿＿
- □ ❿ 地球 ＿＿＿＿
- □ ⓫ 特徴，論点 ＿＿＿＿
- □ ⓬ 貿易 ＿＿＿＿
- □ ⓭ 存続 ＿＿＿＿
- □ ⓮ 例外 ＿＿＿＿
- □ ⓯ 賛成する ＿＿＿＿
- □ ⓰ 審判員 ＿＿＿＿
- □ ⓱ 側，面 ＿＿＿＿
- □ ⓲ …を着ている ＿＿＿＿

❸ 次の(　)内の指示にしたがって答えなさい。

- □ ❶ son (対義語に) ＿＿＿＿
- □ ❷ agree (対義語に) ＿＿＿＿
- □ ❸ sell (過去形に) ＿＿＿＿
- □ ❹ send (過去形に) ＿＿＿＿
- □ ❺ hear (過去形に) ＿＿＿＿

ヒント

❶
❷語頭にunがつく語は否定を表す。
❸複数形で表す意味。
❻be ready for の表現をおさえる。
❼日本語になっている。

❷
❽スペルに注意。
❿the sun「太陽」と同じように，地球を表すときには必ずtheがつく。
⓭ ミスに注意 rとvの使い方に注意する。
⓰dgのつづりに気をつける。

❸
❶娘を表す英語にする。
❷否定を表すdisがつく。

❹ 次の語を読むとき，最も強く読む部分の位置を記号で答えなさい。

☐ ❶ i-mag-ine
ア イ ウ
(　　)

☐ ❷ en-cour-age
ア イ ウ
(　　)

☐ ❸ ex-change
ア イ
(　　)

☐ ❹ sur-viv-al
ア イ ウ
(　　)

☐ ❺ do-mes-tic
ア イ ウ
(　　)

☐ ❻ neg-a-tive
ア イ ウ
(　　)

❺ 教科書本文の内容をふまえ，(　)内に入れるのに最も適切な語を，㋐〜㋓から選んで〇で囲みなさい。

☐ ❶ Send us (　　) school supplies.
㋐ notebook　㋑ great　㋒ campaign　㋓ unused

☐ ❷ I will (　　) do that.
㋐ ever　㋑ send　㋒ definitely　㋓ already

☐ ❸ These fruits are often (　　) than them.
㋐ domestic　㋑ cheaper　㋒ season　㋓ need

☐ ❹ The book (　　) them to study.
㋐ is　㋑ imports　㋒ encourages　㋓ eats

☐ ❺ We're (　　) by imported products.
㋐ surrounded　㋑ sold　㋒ imagine　㋓ disagree

❻ 日本語に合うように，次の____に適切な前置詞を書きなさい。

☐ ❶ 多くの子ども達が学校に行く用意ができています。
Many children will be ready ________ school.

☐ ❷ 日本は外国との貿易に頼っています。
Japan depends ________ foreign trade.

点UP ☐ ❸ 私はあなたの考えに賛成します。
I agree ________ your thinking.

☐ ❹ 日本では外食することは費用がかかります。
It's expensive to eat ________ in Japan.

☐ ❺ 私たちは旬ではない野菜を買うことができます。
We can buy vegetables that are not ________ season.

ヒント

❹
語頭にアクセントのある語が一つだけある。

❺
❶ school suppliesを説明する語。
❷「私は確かにそのことをします。」という内容になるように。
❹後ろのtoに注目。

❻
使われる前置詞はin, with, out, for, on。

❼ 日本語に合う英文になるように，( )内の動詞を適切な形に変えて，____に書きなさい。

□❶ 私がギターを持っていればなあ。
I wish I ______ a guitar. (have)

□❷ あなたが今，ニュージーランドにいればなあ。
I wish you ______ in New Zealand now. (are)

□❸ 私がもっとピアノを上手に弾けたらなあ。
I wish I ______ play the piano better. (can)

□❹ もし今日晴れていれば，自転車に乗るのに。
If it were sunny today, I ______ ride a bike. (will)

□❺ もし私があなただったら，彼らを助けるでしょう。
If I ______ you, I ______ help them.
(are, will)

点UP □❻ 私たちが先週訪れた喫茶店はとても有名です。
The cafe that we ______ last week is very popular. (visit)

❽ 次の文を( )内の指示にしたがって書きかえるとき，____に適切な語を書きなさい。

□❶ I don't have new T-shirts or warm coats. (願望を表す文に)
I ______ I ______ new T-shirts and warm coats.

□❷ I don't live in Kyoto. (願望を表す文に)
I ______ I ______ ______ in Kyoto.

□❸ If I have time, I will make delicious lunch for you. (仮定法の文に)
If I ______ time, I ______ make delicious lunch for you.

□❹ If you live in Japan, we will visit Kyoto together. (仮定法の文に)
If you ______ in Japan, we ______ visit Kyoto together.

□❺ The woman is Chika's teacher. I met her last Sunday.
(関係代名詞を使った文に)
The woman ______ I ______ last Sunday is Chika's teacher.

ヒント

❼
❶～❹動詞や助動詞を過去形に変える。
❺「もし私があなただったら」は過去形のwereを使う。
❻2つの動詞の時制が違う点に注意する。

❽
❶「新しいTシャツやあたたかいコートを持っていたらなあ」という意味の願望を表す文にする。
❷助動詞の過去形＋動詞の原形になる。
❺先行詞が人のときの関係代名詞はthatを使う。

❾ 次の英文を日本語にしなさい。

□❶ Have you ever heard of the American movie?
(　　　　　　　　　　　　　　　　　　　　)

□❷ Children can use the backpacks as desks in the open air.
(　　　　　　　　　　　　　　　　　　　　)

□❸ If you were illiterate, you couldn't get information through books or websites.
(　　　　　　　　　　　　　　　　　　　　)

□❹ If the world were a village of 100 people, five people would speak English.
(　　　　　　　　　　　　　　　　　　　　)

❿ 日本語に合う英文になるように，(　)内の語句や符号を並べかえなさい。

□❶ 英語が話せたらなあ。
(could / I / wish / speak English / I).

________________________.

□❷ 日本は自国の存続のために外国との貿易に頼っています。
(its survival / for / depends / trade / on / foreign / Japan).

________________________.

点UP □❸ 私たちにとって，テニスの練習を続けることは必要です。
(us / to / it's / for / practicing / necessary / continue / tennis).

________________________.

□❹ 私が昨日会った男の人はとても私に親切でした。
(met / very kind / I / yesterday / that / a man / me / to / was).

________________________.

⓫ 次の日本語を英語にしなさい。

□❶ 鳥のように飛べたらなあ。

____

□❷ あなたがここにいたら，あなたはその本が買えるのに。

____

□❸ 私が先週見た映画はわくわくさせてくれるものでした。

____

ヒント

❾
❶「～したことがあるか」という経験を表す現在完了形の疑問文。
❹地球の人口を100人の村に例えたら，英語を話す人がどれくらいかという文。

❿
❷「自国の存続のために」はfor its survivalで文の最後にくる。
❹主語を修飾する関係代名詞の節を作る。

⓫
❶助動詞canの過去形を使う。
❸「映画」を主語にしてそれを修飾する関係代名詞の節を作る。「わくわくさせる」はexciting。

Step 3 予想テスト Unit 6 Beyond Borders ~ Stage Activity 3

30分

/100点
目標 80点

❶ 日本語に合う英文になるように，____に適切な語を書きなさい。 知 24点（各3点）

❶ コンピュータのないあなたの暮らしを想像してごらんなさい。
_____ _____ _____ without computer.

❷ あなたが今日本にいればなあ。
I _____ you _____ in Japan now.

❸ 私たちにとって互いに助けることは必要です。
It's _____ _____ _____ to help each other.

❷ 日本語に合う英文になるように，（ ）内の語句や符号を並べかえなさい。 知 18点（各6点）

❶ その知らせを聞いて私たちは悲しみました。
(us / made / sad / the news).

❷ もしあたたかいコートを持っていたら寄付するのに。
If I (them / , / would / I / warm coats / donate / had).

❸ 私たちが毎日食べる牛肉の多くは外国から来ています。
Most of beef (eat / comes from / we / foreign countries / that / every day).

❸ 次の対話文について，（ ）に入れるのに最も適切な文を選んで記号を答えなさい。 知 10点（各5点）

❶ *A:* Have you ever seen Mt. Aso?
B: (　　)
㋐ Yes, it was.　㋑ No, I don't.　㋒ I've never seen it.　㋓ I've heard of it.

❷ *A:* What do you think about this news?
B: (　　)
㋐ No, I don't.　㋑ It's very small.　㋒ I'm fine.
㋓ I have two thoughts about it.

❹ 次の対話文を読んで，あとの問いに答えなさい。 表 32点（各8点）

Kaito: They send them to children in Afghanistan. ①(　　) (　　), more than 200,000 backpacks have been sent. I've already sent ②mine.
Meg: Wow. ③If I were a Japanese student, I would send my old backpack.
Kaito: Actually, you can help them ④(like pencils and notebooks / by / other things / , / donating).
Meg: Really? That's great. I'll definitely do that.

❶ 下線部①が「これまで」という意味を表すように適切な英語を書きなさい。

❷ 下線部②が表す具体的な内容を，文中から抜き出して3語の英語で答えなさい。

❸ 下線部③を動詞や助動詞の時制に注意して日本語になおしなさい。

❹ 下線部④を「えんぴつやノートのように，ほかのものの寄付によって」という意味を表すように，( )内の語句を正しく並べかえなさい。

❺ 次の指示に合う英文を書きなさい。表

16点（各8点）

❶ 「～できたらなあ」とあなたが思う願望を表す場合。

❷ 自分が昨日読んだ本はおもしろかったと伝える場合。

❶	❶	
	❷	
	❸	
❷	❶	.
	❷ If I	.
	❸ Most of beef	.
❸	❶	❷
❹	❶	❷
	❸	
	❹	
❺	❶	
	❷	

Step 3 予想テスト Unit 6 Beyond Borders ~ Stage Activity 3

30分　/100点　目標 80点

❶ 次の＿＿に入る適切な語を下から選んで書きなさい。 知　20点(各4点)

❶ Most ＿＿＿ the oranges come from foreign countries.

❷ We will be ready ＿＿＿ the lesson.

❸ I'm not lonely ＿＿＿ all.

❹ Let's move ＿＿＿ the next topic.

❺ I agree ＿＿＿ your thinking.

on	with	for	of	at

❷ 次の文の(　)内から適切な語句を選んで書きなさい。 知　20点(各5点)

❶ I wish (I will, I can, I could) play the guitar like Masa.

❷ If I were free today, I (will go, can go, would go) shopping.

❸ If you (have the book, had the book, are having the book), you could research about it.

❹ The soccer game (who watched, that we watched, I had watched) last Sunday was very exciting.

❸ 次の日本語に合うように，＿＿に(　)内の語数の英語を書きなさい。 知　24点(各8点)

❶ この店内で売られているさまざまな商品は安い。
A variety of goods ＿＿＿ this shop are cheap.（2）

❷ もし私が外国の言葉を話せたら，より興味深いのに。
If I could speak a foreign language, ＿＿＿ more interesting.（3）

❸ 私が先週訪れた図書館はとても古い建物でした。
The library that I visited last week ＿＿＿ building.（4）

❹ 次の英文を読んで，あとの問題に答えなさい。 表　28点(各7点)

Like most countries, ①(trade / its / for / depends / foreign / on / survival / Japan). ②Many things that we see every day come from overseas, such as food and clothes. For example, one-third of the chicken that we eat comes from other countries, like Brazil and Thailand. ③If we didn't import chicken from these countries, fried chicken would be quite expensive in Japan. We depend on foreign countries even more for beef and pork.

❶ 下線部①が「日本は自国の存続のために外国との貿易に頼っています。」という意味になるように，( )内の語を並べかえなさい。

❷ 下線部②を日本語にしなさい。

❸ 下線部③で，もし私たちが鶏肉を輸入しなければ，どうなると言っていますか。日本語で答えなさい。

❹ 次の英文のうち，前ページの文の内容と合っていないものを１つ選んで記号で答えなさい。

㋐ A lot of food and clothes come from overseas.

㋑ We depend on foreign countries for chicken, beef, and pork.

㋒ Japanese fried chicken is very expensive.

❺ 次の質問に，自分の考えを２文の英語で書きなさい。表 8点

What do you think that students wear school uniforms in Japan?

❶	❶	❷	❸	❹
	❺			
❷	❶			
	❷			
	❸			
	❹			
❸	❶			
	❷			
	❸			
❹	❶			
	❷			
	❸			
	❹			
❺				

Step 1 基本チェック Let's Read 2 Power Your Future

10分

赤シートを使って答えよう！

❶ It is＋形容詞＋不定詞

解答欄

□❶ どんな時でも放射能を安全に管理することは難しいのです。
It is [difficult] [to] control radiation safely all the time.

□❷ エネルギー問題を知ることは大切です。
It's important [to] [know] about energy problems.

❷ 不定詞(…するために)

□❶ その動力は電力を発生させるために使われます。
That power is used [to] [produce] electricity.

□❷ 私たちは食料問題を解決するために取り組んでいます。
We are working [to] [solve] our food problems.

❸ anything

□❶ 持続可能なエネルギーの未来のためにあなたができることは何かありますか。
Is there [anything] you can do for a sustainable energy future?

POINT

❶ It is＋形容詞＋不定詞

①It is difficult to control radiation safely all the time.
（difficult：形容詞　to control：不定詞）
[どんな時でも放射能を安全に管理することは難しいのです。]

〈It＋be動詞＋形容詞＋不定詞〉で「…することは～だ」という内容を表す。上の文ではdifficultとto controlの間にfor us「私たちにとって」のような語句が省略されている。

❷ 不定詞(…するために)

①That power is used to produce electricity. [その動力は電力を発生させるために使われます。]
（to produce以下はusedを説明(修飾)している）

「…するために」のように，目的を伝えるときには不定詞を使う。

❸ anything

①Is there anything you can do for a sustainable energy future?
（説明(修飾)）

anythingやsomethingではそれを説明(修飾)する語句は後ろにくる。
you can以下の節全体がanythingを修飾している。

Step 2 予想問題 Let's Read 2 Power Your Future

30分 (1ページ10分)

❶ 次の単語の意味を書きなさい。

- □❶ cut ( )
- □❷ charge ( )
- □❸ relatively ( )
- □❹ dangerous ( )
- □❺ amount ( )
- □❻ control ( )
- □❼ radiation ( )
- □❽ sunshine ( )
- □❾ steam ( )
- □❿ ocean ( )
- □⓫ quarter ( )
- □⓬ invent ( )
- □⓭ sustainable ( )
- □⓮ inventor ( )

❷ 次の日本語を英語になおしなさい。

- □❶ 電力
- □❷ スマートフォン
- □❸ 石油
- □❹ 石炭
- □❺ …を放出する
- □❻ 健康
- □❼ エネルギー
- □❽ …を処理する
- □❾ 風
- □❿ 再生可能な
- □⓫ 熱
- □⓬ …を解決する
- □⓭ 雨
- □⓮ 明かり
- □⓯ 秒
- □⓰ リットル
- □⓱ 電池
- □⓲ 消費者

❸ 次の語で最も強く発音する部分を選んで，記号で答えなさい。

- □❶ e-lec-tric-i-ty (ア イ ウ エ オ) ( )
- □❷ re-lease (ア イ) ( )
- □❸ sec-ond (ア イ) ( )
- □❹ in-vent (ア イ) ( )
- □❺ sus-tain-a-ble (ア イ ウ エ) ( )
- □❻ con-sum-er (ア イ ウ) ( )

ヒント

❶

❶過去形・過去分詞ともに形が変化しない動詞。

⓭つづりも発音も難しい単語だが，よく使われるようになった。

❷

❼⓰日本語として慣れ親しんでいる表現と，英語のつづりは異なるので注意しよう。

［解答▶p.17］

❹ 日本語に合う英文になるように，(　)内から適切な語句を選びなさい。

□ ❶ 私たちは暮らしの中で大量の石油を使っています。
We use (many / a lot of) oil in our lives.

□ ❷ その速球はショウタによって受け止められます。
That fast ball (can be / can are) received by Shota.

□ ❸ 私たちは食料を外国からの輸入に頼っています。
We (are helped / depend on) foreign import for our food.

□ ❹ 私は彼女のような先生になりたいです。
I want to be a teacher (like her / kind of her).

□ ❺ 日本は，エネルギーの約40パーセントを石油から得ています。
Japan (uses to / gets about) 40 percent of its energy from oil.

❺ 日本語に合う英文になるように，＿＿に入る適切な語を書きなさい。

点UP □ ❶ 私はお金を使い果たしてしまいました。
I ＿＿＿＿ ＿＿＿＿ of money.

□ ❷ ダムは大量の水を放出しました。
The dam released a large ＿＿＿＿ ＿＿＿＿ water.

□ ❸ 科学者たちは考えることが大切だと言っています。
Scientists ＿＿＿＿ ＿＿＿＿ it's important to think.

点UP □ ❹ その装置は常に動いています。
The device is moving ＿＿＿＿ the ＿＿＿＿.

□ ❺ その装置は電気をつくるための動力を蓄えることができます。
That device can store power ＿＿＿＿ ＿＿＿＿ electricity.

□ ❻ その装置はあなたのスマートフォンを２時間で充電できます。
The device can charge your smartphone ＿＿＿＿ 2 ＿＿＿＿.

□ ❼ 彼女は発明家の一人です。
She is ＿＿＿＿ ＿＿＿＿ the inventors.

ヒント

❹ ミスに注意
❶ oilは数えられない名詞なので，量を表す言葉はどうなるか。
❷ 可能を表すcanと受け身形が合わさっている。
❸「頼っている」を表す成句。

❺
❸「…だと言っています」の部分に注目。
❺「後で使うための」の部分をどう表せばよいか。

ヒント

❻ 次の英文を日本語になおしなさい。

□❶ If the electricity were cut for one week, what would happen to our lives?
(　　　　　　　　　　　　　　　　　　　　　　　　　　　　)

□❷ Fossil fuels increase global warming and damage our health.
(　　　　　　　　　　　　　　　　　　　　　　　　　　　　)

□❸ It is difficult to control radiation and handle nuclear waste safely all the time.
(　　　　　　　　　　　　　　　　　　　　　　　　　　　　)

□❹ Is there anything you can do for a sustainable energy future?
(　　　　　　　　　　　　　　　　　　　　　　　　　　　　)

□❺ What can you do to make your energy future brighter?
(　　　　　　　　　　　　　　　　　　　　　　　　　　　　)

❼ 教科書pp.106～109を読んで，次の質問に英語で答えなさい。

□❶ What are resources like oil, coal and natural gas called?

点UP □❷ How many more years later will we run out of oil and natural gas?

□❸ Is carbon dioxide released from fossil fuels?

点UP □❹ Is nuclear power being used in Japan?

□❺ What are sunshine, wind, steam, wave power and other types of energy called?

□❻ Which country gets forty percent of its electricity from wind power?

□❼ What does the device Reyhan Jamalova invented make power from?

❼
英語の質問の意味をよく考える。
❶❺❻❼は単語や２語の名詞だけでも答えになる。

Step 1 基本チェック Let's Read 3 A Graduation Gift from Steve Jobs

10分

赤シートを使って答えよう！

❶ 間接疑問文

解答欄

□ ❶ 彼女は自分の人生をどうしたいか見当もつかなかったのです。
She had no idea [what] she [wanted] to do with her life.

❶

□ ❷ 彼は素晴らしい作品を作ったときに初めて満足できるでしょう。
He will be satisfied only [when] he [does] great works.

❷

❷ 後置修飾

□ ❶ 私は図書館で見た芸術的なポスターが好きでした。
I loved the artistic posters [I] [saw] at the library.

❶

❸ 受け身形

□ ❶ 彼の人生の点がつなげられたのでした。
The dots of his life [were] [connected].

❶

□ ❷ 彼女の人生の焦点がなくなっていたのです。
The focus of her life [was] [gone].

❷

POINT

❶ 間接疑問文

①She had no idea what she wanted to do with her life.
（had：過去形　what：疑問詞　wanted：現在形）

[彼女は自分の人生をどうしたいか見当もつかなかったのです。]

疑問詞で始まる疑問文が文の中に置かれた文を，間接疑問文という。間接疑問文では文末に疑問符はつかない。また，疑問詞のあとの文は〈主語＋動詞〉の普通の文の語順になる。

❷ 後置修飾

①I loved the artistic posters I saw at the library.
（I saw at the library → posters：後ろから修飾）

[私は図書館で見た芸術的なポスターが好きでした。]

名詞のpostersをI saw at the libraryが説明（修飾）している。

❸ 受け身形

①The dots of his life were connected. [彼の人生の点がつなげられたのでした。]
（were：be動詞　connected：動詞の過去分詞）

「…される」という言い方を受け身（受動態）という。〈be動詞＋動詞の過去分詞〉の形で表す。この文では，主語はdotsなので，be動詞はwereになる。

Step 2 予想問題

Let's Read 3 A Graduation Gift from Steve Jobs

30分 (1ページ10分)

❶ 次の単語の意味を書きなさい。

□❶ dot ( ) □❷ college ( )
□❸ graduate ( ) □❹ artistic ( )
□❺ interest ( ) □❻ trust ( )
□❼ lucky ( ) □❽ employee ( )
□❾ focus ( ) □❿ gone ( )
□⓫ burden ( ) □⓬ beginner ( )
□⓭ cancer ( ) □⓮ limited ( )
□⓯ inner ( ) □⓰ foolish ( )

❷ 次の日本語を英語になおしなさい。

□❶ 卒業 ＿＿＿ □❷ …に通う ＿＿＿
□❸ 何かの形で ＿＿＿ □❹ ちがい ＿＿＿
□❺ 失うこと ＿＿＿ □❻ 成功した ＿＿＿
□❼ …だけれども ＿＿＿ □❽ 創造力のある ＿＿＿
□❾ アニメーション ＿＿＿ □❿ スタジオ ＿＿＿
□⓫ 鏡 ＿＿＿ □⓬ だれか ＿＿＿
□⓭ そのほかの ＿＿＿ □⓮ 雑誌 ＿＿＿

❸ 次の動詞の過去形を書きなさい。

□❶ grow ＿＿＿ □❷ know ＿＿＿
□❸ put ＿＿＿ □❹ find ＿＿＿

❹ 次の下線部の発音が同じものには○を，違うものには×を書きなさい。

□❶ college / difference ( ) □❷ grew / knew ( )
□❸ studio / Tuesday ( ) □❹ mirror / ordinary ( )

ヒント

❶
❷universityは「(総合)大学」。
❺これまでに形容詞のinterested「興味を持っている」やinteresting「興味深い，おもしろい」は学習している。
❿同じつづりでgo「行く」の過去分詞にもなる。

❷ ミスに注意
❹❻⓫⓮はいずれもつづりに注意する。

❸
❸動詞putの変化に注意。

❹
❸studioは日本語の「スタジオ」とはちがう発音なので，よく気をつける。

❺ 日本語と合う英文になるように，( )内に適する語句を下の㋐～㋓から選びなさい。

□❶ 彼が言ったことの意味など見当もつきませんでした。
I ( ) what he meant. ( )
㋐ did not know ㋑ could not get ㋒ had no idea
㋓ have not watch

□❷ 彼は高校を退学するだろう。
He will ( ) of high school. ( )
㋐ go out ㋑ drop out ㋒ leave from ㋓ be able

得点UP □❸ もしあなたがそれをすれば，大きなちがいを生むことになるでしょう。
If you do it, it will make ( ). ( )
㋐ all the difference ㋑ a large movement
㋒ most of all ㋓ change that

□❹ 研究から逃げてはいけません。
Don't ( ) from your studies. ( )
㋐ get back ㋑ walk through ㋒ take out
㋓ run away

□❺ 解雇されて彼は悲しんだ。
( ) made him sad. ( )
㋐ Being to work ㋑ Standing by ㋒ Getting fired
㋓ Working out

❻ 日本語に合う英文になるように，( )内の語句を並べかえなさい。

□❶ 彼女は何をするべきかを理解しました。
(what / she / she / to / had / understood / do).

____.

□❷ 私はあなたに何を言えばよいか見当もつきませんでした。
(what / to / I / I / you / had / should / no / say / idea).

____.

□❸ これは昨日サキが見たアニメ映画です。
(an animation movie / Saki / is / saw / this / yesterday).

____.

得点UP □❹ 煎餅は米でできています。
(made / rice / *sembei* / from / is).

____.

ヒント

❺
❶「見当もつきませんでした」の部分にあたる語句をさがす。
❸「大きなちがいを生む」の部分にあたる語句をさがす。
❺「解雇されること」にあたる語句をさがす。

❻
❶❷間接疑問文の形にする。
❸movieをうしろから修飾する文にする。
❹受け身の文にする。

ヒント

❼ 教科書pp.110〜113を読んで，スティーブ・ジョブズが自分の体験を語った内容と合っているものを，次の㋐〜㋖から5つ選びなさい。

㋐ He and his friend made the first computer with beautiful letters.

㋑ He started Apple when he was 30 years old.

㋒ Apple became a big company with 4,000 employees 10 years later.

㋓ He was fired from his own company, Apple.

㋔ He started an animation studio named Pixer, which was a great success.

㋕ He knew that he had a limited amount of time left because he had cancer.

㋖ He continued his success as the man who founded Apple.

（　　）（　　）（　　）（　　）（　　）

❼ スティーブ・ジョブズの人生には，どうしていいかわからないような，つらい経験もあった。

❽ 教科書pp.110〜113にあるスティーブ・ジョブズの経験と，それに基づいた助言として，ほぼ同じ内容を表しているものを，次の㋐〜㋖から4つ選びなさい。

㋐ 他人からの忠告にはよく耳を傾けるべきだ。

㋑ 他人のためではなく自分自身の人生を生きるべきだ。

㋒ 自分が本当は何を望んでいるのか，心の内側の声をよく聞くべきだ。

㋓ 自分の心には疑いの目で見るべきだ。

㋔ 安易に満足するのではなく飢えた気持ちを持ち続けるべきだ。

㋕ 目先の成功を追うようなうわべだけの優等生になるくらいならば，愚か者でいるべきだ。

㋖ 自分自身の変化を望むべきではない。

（　　）（　　）（　　）（　　）

❽ 語られている中には，言葉の表面だけでなく，そこに含まれている意味を探っていくことが必要な部分もある。

❾ スティーブ・ジョブズが自分の体験や若い人への助言を語ったメッセージを読んで，あなたが考えた感想を2つ以上の英文で書きなさい。

❾「感動する」be moved,「興味を持つ」be interested,「感じる」feelなどの語句を使うのもよい。

テスト前 ☑ やることチェック表

① まずはテストの目標をたてよう。頑張ったら達成できそうなちょっと上のレベルを目指そう。
② 次にやることを書こう（「ズバリ英語〇ページ，数学〇ページ」など）。
③ やり終えたら▢に✔を入れよう。
最初に完ぺきな計画をたてる必要はなく，まずは数日分の計画をつくって，
その後追加・修正していっても良いね。

目標

	日付	やること 1	やること 2
2週間前	/	▢	▢
	/	▢	▢
	/	▢	▢
	/	▢	▢
	/	▢	▢
	/	▢	▢
	/	▢	▢
1週間前	/	▢	▢
	/	▢	▢
	/	▢	▢
	/	▢	▢
	/	▢	▢
	/	▢	▢
	/	▢	▢
テスト期間	/	▢	▢
	/	▢	▢
	/	▢	▢
	/	▢	▢
	/	▢	▢

キリトリ線

QRコードのページに登録すると，「ぴたリンク」からも表をダウンロードできるよ

テスト前 ✓ やることチェック表

① まずはテストの目標をたてよう。頑張ったら達成できそうなちょっと上のレベルを目指そう。
② 次にやることを書こう（「ズバリ英語〇ページ，数学〇ページ」など）。
③ やり終えたら□に✓を入れよう。
最初に完ぺきな計画をたてる必要はなく，まずは数日分の計画をつくって，
その後追加・修正していっても良いね。

目標

	日付	やること 1	やること 2
2週間前	/	□	□
	/	□	□
	/	□	□
	/	□	□
	/	□	□
	/	□	□
	/	□	□
1週間前	/	□	□
	/	□	□
	/	□	□
	/	□	□
	/	□	□
	/	□	□
	/	□	□
テスト期間	/	□	□
	/	□	□
	/	□	□
	/	□	□
	/	□	□

QRコードのページに登録すると，「ぴたリンク」からも表をダウンロードできるよ

東京書籍版 英語3年 ニューホライズン ｜ 定期テスト ズバリよくでる ｜ 解答集

Unit 0

p.3 Step ❷

❶ ❶ **事実，現実** ❷ **信じる**
❸ **…を増やす，増大させる** ❹ **脳**
❺ **幅の広い，(範囲等が)広い**
❻ **多様性**
❼ researcher ❽ language

❷ ❶ × ❷ × ❸ ○ ❹ ○

❸ ❶ エ ❷ ウ ❸ ア

❹ ❶ more interesting than
❷ is spoken ❸ are used

考え方

❶ ❻ 日本では，娯楽系のテレビ番組を広く「バラエティー番組」といっている。これも「さまざまな種類の」要素が組み合わさった番組ということからつけられたものだ。

❷ ❶ 片仮名で表せば「ワールド」と「ショート」だから違う。❷も「ナレッジ」と「ナウ」で異なる。❸ usedのdは「ド」と発音する。

❸ ❶ 文の意味は「多くの異なった言語が世界中では話されています。」となる。
❷「英語は世界で最も多く使われている言語ではありません。」という意味。世界で多く使われている言語は，中国語，スペイン語，英語の順。
❸「多くの言語は少数の人々によって使われています。」という意味。世界には約7,000もの種類の言語があるが，そのうちの約80パーセントは，10万人未満の人々によって使われているといわれている。

❹ ❶ 形容詞のinteresting「おもしろい」の比較級はmoreを使う。
❷ 受け身の文にする。Englishは数えられない名詞なので単数のあつかいとなり，be動詞はisを使う。
❸ 主語が「英語とフランス語」であり，ここでは複数形なのでbe動詞はareとなる。

pp.4-5 Step ❸

❶ ❶ How many ❷ fifty percent
❸ second greatest

❷ ❶ (I want) to know more about the computer(.)
❷ (Takeru is) the tallest in his class(.)
❸ (I know) some interesting facts about Chinese(.)

❸ ❶ **(例)私たちはほかの言語を学ぶべきなのだろうか。**
❷ that knowledge of another language can increase our brain power ❸ **イ**

❹ ❶ These pens were used by Rika.
❷ Spanish is spoken by most people in Peru.
❸ He is loved by many people.

考え方

❶ ❶「いくつの…」と，数をたずねる疑問文は，〈How many ...?〉の形にする。
❷ この文では〈about fifty percent of them〉「彼らのうちの約50パーセント」が主語となっている。
❸〈the second greatest〉で「２番目に多い」を表す。語順に注意する。

❷ ❶〈more about the computer〉で「そのコンピューターについてもっと」となる。語順に注意する。
❷ 最上級ではtheがつくことを忘れないように。
❸〈about Chinese〉がその前にあるfactsを説明(修飾)している。

❸ ❶〈Should we ...?〉で「私たちは…するべきだろうか」という問いを表している。
❷ that以下の節では〈knowledge of another

language〉が主語になる。

❸〈a wider variety of jobs〉とあるから，「より広くさまざまな種類の仕事」から選べるということだ。

❹ ❶ 元の文の意味は「リカはこれらのペンを使いました。」だから，these pensを主語にした受け身の文を作る。「…によって」を表すときにはbyを使う。

❷「ペルーの多くの人々はスペイン語を話します。」スペイン語＝Spanishが主語となる。

Unit 1 ～ Let's Write 1

pp.8-11 Step 2

❶ ❶ 当てはまる ❷ …の下に
❸ 今まで，かつて ❹ 試合，競技
❺ …をびっくりさせる ❻ 機能的な
❼ とても，すごく ❽ 意見，考え
❾ somewhere ❿ athlete
⓫ internet ⓬ championship
⓭ positive ⓮ establish
⓯ support ⓰ bright

❷ ❶ イ ❷ ウ ❸ エ ❹ ウ ❺ ア

❸ ❶ イ ❷ イ ❸ イ ❹ ア

❹ ❶ have been ❷ amazed at
❸ more and more ❹ got over

❺ ❶ out ❷ with ❸ on ❹ in

❻ ❶ Have, seen ❷ Who is
❸ made me ❹ was established

❼ ❶ I have practiced skiing once.
❷ I have never been to China.
❸ Have you ever watched that movie on TV?
❹ He has watched this DVD twice.
❺ I have never seen a famous artist at the theater.

❽ ❶ Ms. Sato often tells us that learning English is important(.)
❷ My father showed me that history was interesting(.)
❸ That article shows that science has developed(.)
❹ Shinya told me that the rule was wrong(.)

❾ ❶ イ ❷ エ ❸ ア ❹ ウ

❿ ❶ (例)スポーツは私たちを幸せにしてくれます。
❷ (例)エマは彼女をカコと呼びます。
❸ (例)母は毎日朝食を食べることは大切だとよく言います。
❹ (例)タクヤは富士山に登ったことがありません。

⓫ ❶ **(例)** Have you ever been to foreign countries?
❷ **(例)** That story made me sad.
❸ **(例)** My father tells me that studying hard is important.

考え方

❶ ❷ belowと同じく「…の下に」を表す英語にunderがある。underのほうが「真下」のイメージに近い。belowはもっと広い意味での「下」を表す。場所的な「下」だけでなく，温度や位置の高低を言うときにはbelowが使われる。ただし，「下を通過する」というような場合にはunderが使われる。また，数が「より少ない」ときや，年齢が「…以下」という場合にもunderが使われる。

❺ be amazed at ～で「～に驚く」という意味になる。

❿ athleteはほとんど日本語にもなっているくらいだが，アスリートの「ス」はsの「ス」とは違って，thのつづりなので，舌を上あごにあてた発音になる。thinkやthankと同じだ。

⓯ サポートは日本語としてもよく使われる。suやppのつづりにはとくに注意する。

❷ ❶ 文の意味は「私の部屋は台所のちょうど上にあります。」となる。

❷「この新しいセーターは着心地があまりよくありません。」という意味。

❸「私は，その曲をギターで演奏することはできます。」という意味。

❹「ふつうの人々は，幸せになりたいと思っています。」という内容になる。

❺「彼は世界中でよく知られている選手です。」という意味になる。

❸ 語の中程にアクセントのあるものが多い。

❹ challengeは語頭にアクセントがある。

❹ ❶ 経験を表す現在完了形の文にする。現在完了形の文は〈have[has]＋過去分詞〉の形。

❸「ますます」は2つの比較級をandでつなぐ。

❹ get overで「克服する」を表す。

❺ ❶「あなた自身で確かめるべきです。」という意味の文になるようにする。

❷「私は彼女の仕事に満足しています。」という意味。

❸「私はそのことについて，テレビで知りました。」という意味。

❹「ナオミは2019年の試合に勝ちました。」という意味。

❻ ❶「あなたはそのサッカーの試合を見たことがありますか。」という文にする。

❷「ケイはだれですか(ケイってどんな人？)。」という内容の文にする。

❸ I was happyであることに注意。過去形の文になる。

❹「彼はその会社を設立しました。」を，会社を主語にした受け身の文にする。

❼ ❶「私は一度スキーの練習をしたことがあります。」という，現在完了形の経験を表す文にする。

❷「私は一度も中国に行ったことがありません。」という，現在完了形の経験を表す否定文にする。否定文ではneverを使う。

❸「あなたはその映画をテレビで見たことがありますか。」という，経験をたずねる現在完了形の疑問文にする。

❹「彼はこのDVDを二度見たことがあります。」という，経験を表す現在完了形の文にする。

❺「私はその劇場で有名な芸能人を一度も見たことがありません。」という内容の文にする。

❽ ❶「英語を学ぶこと」はlearning Englishで表す。

❷「示してくれた」のが過去のことなので，文全体が過去形となる。

❸「科学が発達していること」はscience has developedで表す。

❹「その規則は間違っている」はthe rule was wrongで表す。

❾ ❶「彼はなぜその会社を設立しようと決めたのですか。」なので，「なぜなら彼はその問題を解決したかったからです。」が対応する。

❷「あなたは北海道を訪ねたことがありますか。」なので，「いいえ，私はそこを訪れたことがありません。」が対応する。

❸「あなたは今日昼ご飯を食べましたか。」なので，「はい，ハンバーガーを食べました。」が対応する。

❹「私たちは明日いつどこで会いましょうか。」なので，「渋谷駅の前で10時に会いましょう。」が対応する。

❿ ❶ 主語が動名詞や不定詞となる場合もある。

❷「…を～と呼ぶ」という内容。

❹ 現在完了形の経験を表す文。

⓫ ❶「外国」はforeign countryを使う。

❷「悲しい」はsadを使う。

❸「一生懸命勉強すること」はstudying hardで表す。

pp.12-13 Step ❸

❶ ❶ checked out ❷ was amazed at
❸ was satisfied with ❹ more and more
❺ get over

❷ ❶ Have you ever been to Kyoto(?)

❷ I have been to Kyoto once(.)

❸ Risa has never tried scuba diving(.)

❹ That volleyball game made me excited(.)

❺ Ms. Kimura often tells that sleeping is important(.)

❸ ❶ seen
❷ Have you been to a Paralympic event(?)
❸ No, I haven't.
❹ **私はテレビで車いすテニスの試合をたくさん見たことがあります。**
❺ **エ**

❹ ❶ **(例)**I have climbed Mt. Fuji once.
❷ **(例)**I have watched baseball games many times.

考え方

❶ どれも，この単元で出てきた重要語句の問題。
❶ check outにはホテルなどから退出するときにも使われるが，この場合のように，「確かめる，調べる」の意味でも使われる。
❸ be satisfied with ...で「…に満足する」を表す。
❹ 〈比較級＋and＋比較級〉で「ますます」を表す。
❺ get over ...で「…を乗りこえる」を表す。

❷ ❶ 疑問文である点に注意して語順を考える。
❸ 否定文だが，notではなくneverが使われる点に注意して語順を正す。
❹ 〈make＋名詞＋形容詞〉の文。「…を～の状態にする」という意味を表す。
❺ 「木村先生はよく言います」のあとにthat以下の節を続ける。この節も〈主語＋動詞〉の形になる。

❸ ❶ 「見る」を表すseeは不規則に活用する動詞なので，注意する。
❷ 下線部②は「あなたはパラリンピックの大会に行ったことがありますか。」という内容。
❸ 3語で答える点が大事。No, I have not.では4語になる。have notを短縮してhaven'tとする。
❹ 経験を表す現在完了形の文だ。on TVは「テレビで」を表す。「インターネットで」という場合にも，on the internetとなる。
❺ 各選択肢の英文の内容はほぼ次の通り。
㋐「ジョシュはパラリンピックの大会を見たことがあります。」
㋑「ジョシュはパラリンピック大会に行ったことがありません。」
㋒「ジョシュは国枝慎吾さんをよく知っています。」
㋓「ジョシュは国枝慎吾さんを知らないと言いました。」

❹ どちらも現在完了形の経験の用法を使った文にする。
❶ 「一度」はonceを使う。
❷ 「何度も」はmany timesが使える。

Unit 2 ～ Learning SCIENCE in English

pp.15-17 Step ❷

❶ ❶ **眠る，寝ている** ❷ **すでに，もう**
❸ **詩人** ❹ **…を含む，含める**
❺ **音節，シラブル** ❻ **厳しい**
❼ **実は，本当は** ❽ **大衆的な**
❾ image ❿ curious
⓫ rhythm ⓬ less
⓭ either ⓮ goodbye

❷ ❶ saw, seen ❷ became, become
❸ read, read ❹ wrote, written

❸ ❶ **イ** ❷ **イ** ❸ **ア** ❹ **エ**

❹ ❶ **イ** ❷ **ア** ❸ **イ** ❹ **イ**

❺ ❶ On ❷ about ❸ for ❹ in

❻ ❶ have lived ❷ have, finished
❸ Have, cleaned ❹ have lived

❼ ❶ **(例)彼女は子どものころからピアノを練習してきました。**
❷ **(例)あなたはどのくらい英語を勉強していますか。**
❸ **(例)私たちはもう駅に着いています。**

❽ ❶ I have just finished my science homework.
❷ Have you sent her an e-mail yet?
❸ The bus hasn't arrived yet.

❾ ❶ The soccer game has already started(.)
❷ Saki has just arrived at the station(.)
❸ I have not heard her message yet(.)
❹ Have you used our new computer yet(?)
❺ The train has not come yet(.)

⑩ ❶ (例) We have been walking the mountain roads since early morning.
❷ (例) Have you finished practicing volleyball yet?

考え方

❶ ❷ already「すでに，もう」は，just「ちょうど」と合わせて，現在完了形の完了を表す表現でよく使われる。
❸ この単元では「詩」を表すpoemも出ている。poemは1編の詩を表すので，詩がいくつか集まったものはpoemsとなる。詩集はpoetryが使われる。「詩人」は詩を書く人のことなので，write「書く」に対してwriter「作家，筆者」となるように，語尾にerやorをつけて人を表すことがあるから，poemerとかpoeterなどのように考えるかもしれない。しかし，例外となる語句もいくつかあり，その1つとして詩人はpoetで表されるのでよく覚えよう。

❷ どれも，原形-過去形-過去分詞が不規則に変化する動詞だ。❸のreadは過去形も過去分詞も変化せずreadとなる。しかしその発音は異なり，過去形と過去分詞を片仮名で表すと「レッド」となる。不規則動詞変化表は，教科書の巻末に出ているので，よく見て覚えよう。

❸ 各文の意味はおおよそ次の通り。
❶ この花はあちらのものとは違います。
❷ あなたは肉だけでなく野菜も食べるべきです。
❸ 私はあまりにも疲れたのでこれ以上走れません。
❹ どうぞ遠慮なくそのコンピュータを使ってください。

❹ ❹「さようなら」の挨拶では日本人も使うように，英語圏でも親しい人同士では，bye-bye（バイバイ）が使われる。そのことからもわかるように，byeのほうがgoodよりも強調して発音される。

❺ 各文のおおよその意味は次の通り。
❶ 一方で，彼は他の人とは違う。
❷ それは浮世絵に関する本です。
❸ この寺は長い年月，ここに建っています。
❹ 私はサトウ先生のクラスにいます。

❻ ❶ 経験を表す現在完了形の文。
❷ 完了を表す現在完了形の文。
❸ 完了を表す現在完了形の疑問文。
❹ 継続を表す現在完了形の文。

❼ ❶「ずっと…してきた」という継続を表す現在完了形の文だ。
❷「どのくらい（の間）…してきたか」と継続の期間をたずねる現在完了進行形の疑問文だ。
❸「もう…に着いている」と完了を表す現在完了形の文だ。自分のほうが先に待ち合わせ場所に着いたときに，相手に知らせるときなどに使える表現だ。

❽ ❶「私は科学の宿題をちょうど終えたところです。」という意味の文にする。〈have＋過去分詞〉の形だが，justが入る位置にも注意する。
❷「あなたはもう彼女に電子メールを送りましたか。」という意味の文にする。
❸「バスはまだ到着していません。」という意味の文にする。

❾ ❶ hasとstartedの間にalreadyが入る。
❷ hasとarrivedの間にjustが入る。
❹「もう…しましたか」という疑問文では，文末にyetがくる。
❸❺「まだ…しません」という否定文では，文末にyetが入る。

⑩ ❶ 現在完了進行形の文を，正しく書くことができればよい。「…からずっと」と時間の経過を表す場合にはsinceを使う。
❷ 完了を表す現在完了形の疑問文を，正しく書くことができればよい。「練習を終える」は，finishedに「練習する」の動詞practiceを-ingの形にして加える。

pp.18-19 Step ❸

❶ ❶ is different from ❷ only, but also
❸ so, that ❹ feel free to

❷ ❶ I have just finished reading this book(.)

❷ We have not visited our aunt yet(.)
❸ Have you washed your hands yet(?)
❹ My grandfather has been sick since last week(.)
❺ We have been talking since nine o'clock(.)

❸ ❶ (例)あなたは日本にどのくらい長く住んでいますか。
❷ **(例)**I have lived in Japan for five years.
❸ haiku
❹ **ア, エ**

❹ ❶ **(例)**I have been playing soccer for seven years.
❷ **(例)**What have you been doing?
❸ **(例)**Rika has been practicing the piano since she was six years old.

考え方

❶ どれもこの単元で学んだ重要表現の語句だ。
❶ be different from ...で「…とはちがっている」を表す。
❷ not only ... but also ～で「…だけではく～もまた」を表す。これはよく使われるので，しっかり覚えよう。
❸ so ... that ～「とても…なので～だ」を表す。よく使われるので覚えよう。よく似た表現にtoo ... to ～で「～するには…すぎる」「あまりにも…なので～できない」がある。
❹ feel free to ...で「遠慮なく…する」を表す。…の部分は動詞がくるので，toと合わせて不定詞を作ることになる。

❷ ❶ 現在完了形の完了用法の文。
❷ 現在完了形の完了用法の否定文。
❸ 現在完了形の完了用法の疑問文。
❹ 現在完了形の継続用法の文。
❺ 現在完了進行形の文。

❸ ❶ 継続を表す現在完了形の疑問文。〈How long ...?〉は「どのくらい(の間)…してきましたか」とたずねる。
❷ 下線部①の文からわかるように，〈I have lived ...〉となる。
❸ 前の文の「私は小学校のときに俳句について学びました。」とあることを受けている。
❹ 選択肢の各文の内容は次の通り。
㋐ ベーカー先生は10年前に日本に来ました。
㋑ 朝美とベーカー先生は互いに話し合っています。
㋒ ベーカー先生は子どものころに俳句について学びました。
㋓ 朝美はベーカー先生がなぜ日本に来たかを知っています。
㋔ ベーカー先生は子どものころからずっと俳句が好きでした。

❹ ❶ 現在完了形の継続用法や，現在完了進行形の文が，正確に書かれていればよい。
❷ 〈What have you ...?〉という，現在完了形の継続用法や現在完了進行形の文が正確に書かれていればよい。
❸ 三人称で始まる，現在完了形の継続用法や現在完了進行形の文が正確に書かれていればよい。

Unit 3 ～ Stage Activity 1

pp.21-23 Step ❷

❶ ❶ 状況　❷ 人に…させる
❸ …まで(ずっと)　❹ 死ぬ
❺ 飛ぶ　❻ 運転する
❼ 法律，法　❽ 報告，レポート
❾ 事故　❿ 角，隅
⓫ danger　⓬ survive
⓭ rapidly　⓮ development
⓯ destroy　⓰ environment
⓱ capture　⓲ breed
⓳ government　⓴ tournament

❷ ❶ イ　❷ ウ　❸ イ　❹ エ

❸ ❶ ○　❷ ×　❸ ○　❹ ×

❹ ❶ of　❷ for　❸ on　❹ out

❺ ❶ It, for, to　❷ want, to understand
❸ helped, learn　❹ Let, talk
❺ important, everyone, protect

❻ ❶ (例)人々はそれらの鳥たちが安全に暮らせるように助けようとしました。

❷ (例)もし私たちがより多くの装置を使うなら，私たちはいくつかの特別な金属を必要とします。

❸ (例)私たちは道路上で電子機器を使う上での法を必要としています。

❹ (例)私は演奏を上達させるため，一生懸命に練習をしてきました。

❼ ❶ It, for, to learn ❷ It, to be
❸ for, to play

❽ ❶ Is it easy for you to clean your room(?)
❷ I want you to help me wash the car(.)
❸ I helped Kenta write the article(.)
❹ It is necessary for everyone to follow the rules(.)

❾ ❶ **(例)**Let me see it.
❷ **(例)**It is important for us to understand other cultures.

考え方

❶ ❾ accidentはここでは「事故」の意味だが，「偶然」という意味もある。

⓫ in danger of ...で「…のおそれがある」。

⓱「捕獲する」はcaptureだが，この単語はコンピュータの用語としてもよく使われる。コンピュータでは，「パソコンにデータを取りこむ」を意味する。

⓲「飼育する」のbreedは，日本では「職業として動物を飼育をする人」のbreederがよく使われている。

⓳ governmentは「政府」という意味だけでなく，「政治，統治」という意味もある。日本語では，ガバメントと表される。英語ではつづりに「n」が入っている。

❷ 各文が表している内容はおおむね以下の通り。
❶ 多くの種類の鳥が絶滅の危機にさらされています。
❷ 私たちは一人ずつその川を渡りました。
❸ 私たちの暮らしは気候の状態と関係しています。
❹ その意見についてはどう思いますか。

❸ ❷ electronicの発音は片仮名で表せば「イレクトラニク」に近い。
❹ featherはeaのつづりにもかかわらず，片仮名で表せば「フェザー」となる。

❹ 各文のおおよその意味は次の通り。
❶ 私はそのこわい話を聞いたことがありません。
❷ ユウタは一つの記事を彼の学級新聞に書くでしょう。
❸ その子どもは山で発見されました。
❹ 恐竜は大昔に死滅しました。

❺ ❶と❺は〈It is ... for＋人など＋不定詞〉の文。「～にとって…だ」という内容を表す。
❹「話し合う」はtalk to each otherで表す。
❺「みんな」はeveryone，「守る」はprotectで表す。

❻ ❶〈help＋人や動物など＋動詞の原形〉で「人や動物などに…させる」という内容を表す。
❷ moreはmanyの比較級。
❸ for以下の部分はlawsを説明(修飾)している。
❹ improve my performanceは「自分の演奏が上達するように」を表している。

❼ どれも，〈It is ... for＋人など＋不定詞〉の文が基本となる。❸はその基本形の疑問文なので，語順に注意する。

❽ ❶と❹は〈It is ... for＋人など＋不定詞〉の文を作る。
❷〈want＋人＋不定詞〉で「人などが…することを望む」という意味を表す文にする。
❸〈help＋人や動物など＋動詞の原形〉で「人や動物などが…するのを助ける」という内容を表す文を作る。

❾ ❶ letに続く動詞は原形になることに注意する。
❷「大切だ」はimportantで表す。

pp.24-25 Step ❸

❶ ❶ related to ❷ in danger of
❸ one by one ❹ How about

❷ ❶ It is important for me to know how to cook(.)
❷ I want everyone to understand the

environmental problem.
❸ My brother let me play his guitar(.)
❹ Joe helped me write an English letter(.)
❺ I have never seen that famous painting(.)

❸ ❶ **ウ**
❷ **(例)今日，彼らは気候変動や人間の活動のような多くの難問に直面しています。**
❸ **ア，エ** ❹ **ウ**

❹ ❶ It is important for us to protect endangered animals.
❷ I want all animals to survive.

考え方

❶ ❶「…と関係している」の部分の成句。
❷「危険にさらされている」の部分の成句。
❸「次々と」あるいは「一人ずつ」を表す成句。
❹「…はどうですか」の部分を表す成句。

❷ ❶〈It is ... for＋人など＋不定詞〉の文を作る。
❷〈want＋人など＋to不定詞〉で，「人などが…することを望む」という意味を表す文を作る。
❸〈let＋人や動物など＋動詞の原形〉で，「人などに…させる」という意味を表す文を作る。
❹〈help＋人や動物など＋動詞の原形〉で，「人などが…するのを助ける」という意味を表す文を作る。
❺〈have never＋過去分詞〉で，「…したことがない」という経験の否定を表す文を作る。

❸ ❶ extinctionは「絶滅」の意味。
❷ faceで「直面する」という意味を表す。現在進行形で使われている。
❸❹人間の活動は多様で，もちろん一部では人々は動物が暮らしやすい環境を整えるなどの活動もしている。しかしいっぽうで，自分たち人間が生きるための活動をすることが,動物の生活をおびやかしてもいる。また，多くの動物たちが絶滅していくことは，生物の多様性が失われて，地球全体の環境に悪い影響をおよぼし，やがては人間も暮らしにくくなっていく。そのような危険について，この単元の文では言われている。

Let's Read 1

pp.27-29 Step ❷

❶ ❶ **子守唄** ❷ **爆弾**
❸ **陰** ❹ **死んだ**
❺ **本当の** ❻ **しばらくの間**
❼ **大統領** ❽ **勇気**
❾ **…を終える** ❿ **折り鶴**
⓫ road ⓬ weak
⓭ cry ⓮ arm
⓯ quietly ⓰ peace
⓱ death ⓲ sky
⓳ war ⓴ pursue

❷ ❶ **落ちる，** fell ❷ **抱く，つかむ，** held
❸ **のぼる，上がる，** rose
❹ **…を意味する，** meant

❸ ❶ ○ ❷ × ❸ × ❹ ○

❹ ❶ Through, years ❷ After, while
❸ Before

❺ ❶ by ❷ on ❸ to ❹ in

❻ ❶ to read ❷ something red
❸ to write

❼ ❶ **イ** ❷ **ア** ❸ **イ**

❽ ❶ **(例)だいじょうぶだから(になるから)。**
❷ **(例)今日はますます雨が強く降っています。**
❸ **(例)私たちは戦争の激しい痛みを知っています。**
❹ **(例)それは，守り，そして全ての子どもに広げる価値のあるものです。**

❾ ❶ **(例)**Many people lost their lives, and many others were injured./ They had burns all over their bodies.
❷ **(例)**They lost their lives./ They were already dead.
❸ On May 27, 2016.

考え方

❶ ❾「終える」を意味する英語には，close以外にfinishやendなどもある。closeには，教科書にもある，当時大統領だったオバマ氏が「スピーチを終えた」というように，ス

ピーチや会議，行事などを「閉じる，しめくくる」という意味が含まれる。finishは，何かの目的で行われていたことが，達成して終わるときに使われる。例えば，I finished my homework.「私は宿題を終えた」のように使われる。endは，これまでのところでは名詞として学習しており，動詞のendは教科書のあとのページで出てくる。

❷ 各動詞の過去形，過去分詞の変化は次の通り。
❶ fall-fell-fallen
❷ hold-held-held
❸ rise-rose-risen
❹ mean-meant-meant

❸ ❷ 片仮名で表せば「リアル」と「デッド」で異なる。
❸ 片仮名で表せば「アーム」と「ウォー」で異なる。

❹ ❶「何年もの間」の部分を表す成句。
❷「しばらくして」の部分を表す成句。
❸「…の前に」を表す語。

❺ ❶「…のそば」を表す前置詞。
❷ 街の「上」に落ちたことを表す。
❸「男の子に対して」というような意味でtoが使われる。
❹「腕の中に」を表す前置詞。

❻ ❶「彼女はその本を読むことでとても楽しくなりました。」という意味の文にする。
❷「私は建物の後ろに何か赤いものを見ました。」という意味の文にする。
❸「私にとって英語で手紙を書くことは難しいです。」という意味の文にする。

❼ 不定詞と動名詞は，どちらも「…すること」という意味で，動詞のあとにくることができる。しかし，目的語に不定詞を使うか動名詞を使うかは，前の動詞によって決まることがある。
❶❸wantやdecideの後ろにくるのは必ず不定詞となる。動名詞がくることはない。
❷ stop ...ingで，「～するのをやめる」という意味となる。
このほか，rememberのように，うしろに不定詞がくると，「忘れずに…する」となり，うしろに動名詞がくると，「…したことを覚えている」となって，意味が異なる動詞もある。

❽ ❶ all rightは「だいじょうぶ」の意味。この文は未来形なので，直訳すれば「あなたはだいじょうぶになるでしょう」となる。「だいじょうぶだから」という，傷ついた相手を元気づける言葉にすれば，より自然な訳になる。
❷〈比較級＋and＋比較級〉で「ますます」という意味。
❸「知っている」ことを強調して「すでに知ってしまっている」という意味がこめられて，現在完了形が使われている。
❹「…の価値がある」を表すworthは，protectingとextendingの両方を修飾している。

❾ 質問の内容はおおよそ以下の通り。
❶ 大きな爆弾が落ちたあとで，人々には何が起きましたか。
❷ 朝になって，男の子と少女には何が起きましたか（どうなりましたか）。
❸ オバマ氏は広島でいつスピーチをしましたか。

Unit 4 ～ Learning CIVICS in English

pp.32-35 Step ❷

❶ ❶ **用意ができている** ❷ **災害**
❸ **避難所** ❹ **…を蓄える**
❺ **非常事態** ❻ **ひどい**
❼ **ついに，やっと** ❽ **最新の**
❾ **居住者** ❿ **単純な**
⓫ kit ⓬ survey
⓭ earthquake ⓮ shaking
⓯ scared ⓰ fortunately
⓱ evacuation ⓲ instruction
⓳ simulation ⓴ interview

❷ ❶ done ❷ given
❸ themselves ❹ drove

❸ ❶ × ❷ ○ ❸ ○ ❹ ×

❹ ❶ イ ❷ エ ❸ イ ❹ ア
❺ エ

❺ ❶ prepared, disaster ❷ emergency kit

❸ terrible shaking
❹ scared, earthquake
❺ foreign residents

❻ ❶ for ❷ by ❸ on ❹ at

❼ ❶ (I didn't know) what they said(.)
❷ (Do you know) when Riko left here(?)
❸ (Riko's mother knows) where she is(.)
❹ (I don't know) why Kohei did such a thing(.)
❺ (Do you know) what time it is(?)

❽ ❶ **エ** ❷ **ウ** ❸ **オ** ❹ **ア** ❺ **イ**

❾ ❶ (Do you know) the boy riding a bike in the park(?)
❷ The girl talking with him is (his sister.)
❸ Takashi bought a shirt made in China(.)
❹ (Let's go) to see the picture painted by Hana(.)
❺ (I don't) know who wrote this book(.)
❻ What is the language spoken in this country(?)
❼ (The girl) working in the convenience store is very kind(.)

❿ ❶ (1) **(例)** She was so tired that she couldn't run fast.
(2) **(例)** She was too tired to run fast.
❷ (1) **(例)** This soup is so hot that I can't eat it.
(2) **(例)** This soup is too hot to eat.

考え方

❶ ❹ ここでは「…を蓄える」という意味の動詞としてstoreが使われている。storeには，「店，倉庫」といった意味の名詞としても使われる。
⓬「調査」を表すsurveyだが，同じような意味では，researchも使われる。surveyは，意識調査や世論調査など一般的な調査をさす。いっぽう，researchはより学術的な調査を意味して使われる。
⓭ quakeは「ふるえる，揺れる」という意味の動詞。earthは「地球，地面」。だから「地面がふるえる」という2つの語が複合してできた名詞だ。
⓳ simulationは「まねすること，ふりをすること，仮想現実，コンピュータを使った模擬実験」などの意味があって，日本語の中でもよく使われている。

❷ ❶❷❹は不規則変化の動詞。それぞれの過去形，過去分詞は次の通り。
❶ do-did-done
❷ give-gave-given
❹ drive-drove-driven
❸ they「彼ら，それら」と複数を表すので，selfもselvesとなる。

❸ ❶ surveyは，片仮名で表せば「サーベイ」となる。
❹ residentは，片仮名で表すと「レジデント」となる。

❹ 各文のおおよその内容は次の通り。
❶ 災害が起きたときには，私たちはあなたに電話をかけます。
❷ 私はあまりにも疲れているので，これ以上歩くことはできません。
❸ 彼は雨が降っているかどうかを確かめるために外に出ました。
❹ 私は帰る途中でタケルを見かけました。
❺ サキはみんなに学級新聞を配りました。

❺ ❶ disasterは数えられる名詞。
❷ 日本では「非常用持ち出し袋」などとも言われるが，英語ではemergency kitあるいはsurvival kitなどと呼ばれる。
❸ the terrible shakingのshakingは動名詞。
❹ be scared ofで「…をこわがっている」を表す。

❻ 各文のおおよその内容は次の通り。
❶ 私は3時間家にいます。
❷ 私はその町に列車で行きました。
❸ 私たちはそれをインターネットで見つけました。
❹ 私はキタムラ先生を学校で見かけました。

❼ 間接疑問文のポイントは，疑問文の部分の語

順が，ふつうの肯定文と同じようになることだ。そのことをこれらの問題で徹底的に練習しよう。

❽ 各文が表しているおおよその意味は次の通り。
❶ あなたはどこに行きたいのですか。
❷ バス停がどこにあるか教えていただけますか。
❸ あなたのために私にできることは何かありますか。
❹ 窓を開けていただけますか。
❺ 彼に伝言を残してもいいですか。
㋐ いいですよ。あなたはドアも開けてほしいですか。
㋑ ええ，のちほど彼女に言っておきましょう。
㋒ すぐそこの角を曲がったところです。
㋓ 私は渋谷駅に行きたいのです。
㋔ ありがとう。切符を買うのを手伝ってくれますか。

❾ 現在分詞や過去分詞を含む節が，名詞を後ろから説明(修飾)する文の形について，これらの問題で徹底的に練習しよう。

❿ too ... to ～の場合，「～するには…すぎる」で否定の意味を表すので，cannotのような否定を表す語句は使わない。これに対して so ... that ～で表すのは，「とても…なので」という意味なので，that以下の部分では，「～できない」という内容を表すcan't[couldn't]を使った否定の表現が不可欠となる。

pp.36-37　Step ❸

❶ ❶ too, to　❷ like to
❸ in case of　❹ got out
❺ handed out　❻ on, way back

❷ ❶ I know where that book is(.)
❷ Do you know what time the museum opens(?)
❸ (Please) tell me how you use the computer(.)
❹ The girl walking with a dog is my sister(.)
❺ My father gave me a watch made in Germany (as a birthday present.)

❸ ❶ **(例)日本で暮らすため。**
❷ **(例)日本を訪れる旅行客**
❸ **(例)(地震が起きたときに)彼らを援助する用意をすること**
❹ They followed instructions given in

❹ ❶ **(例)**Is there anything I can do for you?/ Is there anything I can to help you?
❷ **(例)**Can [Could] you tell me where the bus stop is?

考え方

❶ ❶「私にはするべきことが多すぎます」は「するべきことが多すぎてできません」という意味を含んでいる。too ... to ～で文を作る。
❷ would like to ...で「…したいのですが」という内容を表す。
❸ in case of ...は「…の場合には」という意味である。

❷ ❶❷❸は間接疑問文。間接疑問文では，疑問詞以下の文はふつうの文(平叙文)の形になる。
❹ 現在分詞以下の節が名詞を説明(修飾)する形の文。
❺ 過去分詞以下の節が名詞を説明(修飾)する形の文。

❸ ❶ to liveとあるので，日本で暮らすために来ている。
❷ the number of touristsとあるので，旅行者たちである。
❸ to be prepared to help themに注意する。
❹「彼らは指示に従いました」という文がきてそれに続く形で，どんな指示かというと「英語とやさしい日本語で与えられた」という内容がくる。過去分詞の後置修飾の文の形だ。

❹「何か私にできる(してあげられる)ことはありますか」のような声のかけ方には，いくつかの英語の表現があるので学ぼう。

Unit 5 ～ Stage Activity 2

pp.40-43　Step ❷

❶ ❶ **遺産**　❷ **人，個人**
❸ **おおいに，非常に**　❹ **生まれる**

❺ 国際的な　❻ 暴力
❼ たたかう　❽ 抗議する
❾ 困難な，難しい　❿ …を受け入れる
⓫ 不公平な　⓬ 怒った
⓭ …を導く　⓮ 植民地
⓯ 税金　⓰ 高価な
⓱ ほとんど　⓲ …に到着する
⓳ ニュース，知らせ　⓴ 人口の多い
㉑ …を発見する　㉒ かわいい，きれいな
㉓ ふるまい　㉔ そのかわりに

❷ ❶ respect　❷ non-violent
❸ independence　❹ fight
❺ protest　❻ discrimination
❼ freely　❽ sidewalk
❾ movement　❿ salt
⓫ kilometer　⓬ growth
⓭ powerful　⓮ billion
⓯ character　⓰ cloth

❸ ❶ thought　❷ won
❸ lawyer　❹ leader

❹ ❶ ×　❷ ○　❸ ○　❹ ×

❺ ❶ イ　❷ エ　❸ ア　❹ ウ

❻ ❶ up　❷ at　❸ up　❹ of

❼ ❶ **(例)これは母が先週の日曜日に私に買ってくれた本です。**
❷ **(例)それは私がこれまでに見た中で最も高い塔です。**
❸ **(例)あなたは彼が先週見た映画を知っていますか。**

❽ ❶ who　❷ that　❸ that

❾ ❶ (This is the bag) which[that] I bought(.)
❷ (Please show me) the computer which[that] you use(.)
❸ (They have) some pictures which[that] I took last year(.)
❹ (He is) the actor who is popular among young people.

❿ ❶ ウ　❷ イ　❸ イ

⓫ ❶ Look at the girl who is standing near the tree(.)
❷ This is the story that Kazuo Ishiguro wrote about twenty years ago.
❸ Show me the book which you bought yesterday.
❹ I have an aunt who works at the department store(.)
❺ Did you take the train that started from Osaka(?)
❻ Do you know the haiku that were written by Matsuo Basho in the Edo period(?)

⓬ ❶ **(例)** I want to be[become] a doctor who helps elderly people.
❷ **(例)** This is the bike which I have[I've] wanted for a long time.
❸ **(例)** Are you looking for the T-shirt you bought last week?

考え方

❶ ❼のfight「たたかう」も❽のprotest「抗議する」も，❷の問題でも出てくるように，「たたかい」「抗議」という名詞としても使われる。
⓲ これまで，reachと同じような意味でarriveを習っている。どちらも同じ意味として使うことができる。ただし，reachが「…に到着する」という意味なのに対してarriveは「到着する」だ。つまり，I arrived at the station.のように，arriveの場合には「…に」にあたる前置詞が必要になるが，I reached the station.のように，reachでは前置詞が不要となる。

❷ ⓮ billion「10億」は，英語ではmillion「100万」とならんで大きな数の基本となる単位だ。たとえば，「5,000億ドル」という場合，500 billion dollarsとなる。

❸ ❶❷の過去形，過去分詞への変化は次のようになる。
think-thought-thought
win-won-won
❸ law「法律」→「法律家，弁護士」は単に-erをつけるのではなく，lawyerとなる点に注意する。

❹ ❸ どちらも，つづりはaでも発音は「オー」となる。saltは，片仮名で表せば「ソールト」となる。

❺ 各文のおおよその内容は次の通り。
❶ 私は午後まで働きます。
❷ 私たちはたとえ雨が降っていても出発します。
❸ 彼はそのころ病気でした。
❹ 一輪車は自転車の一種です。

❻ 各文のおおよその内容は次の通り。
❶ 彼女は演説するために立ち上がりました。
❷ 私たちの学校はその当時は古い建物でした。
❸ ここでは傘を折りたたまなくてはなりません。
❹ 私は家にいるかわりに図書館で勉強しました。

❼ ❶「これは(1冊の)本です」，それがどういうものかというと，「母が先週の日曜日に私に買ってくれた」ものだ。これを1つの日本語の文にする。
❷「それは最も高い塔です」，どういう塔かというと，「私がこれまでに見た中で」となる。これを1つの日本語にする。
❸「あなたはその映画を知っていますか」，どういう映画かというと，「彼が先週見た」ものだ。これを1つの日本語にする。

❽ どれも，関係代名詞の前にある先行詞が，人なのかものなのかによって，決まってくる。
❶ 先行詞はa boyとあり，人なのでwhoがくる。
❷ 先行詞はa bookなので，thatがくる。
❸ 先行詞はthe manなので，whichは使えない。

❾ ❶「これは私が買ったバッグです。」という内容の文を作る。
❷「あなたが使っているコンピュータを見せてください。」という内容の文を作る。
❸「彼らは私が去年撮った写真を何枚か持っています。」という内容の文を作る。
❹「彼は若い人たちの間で人気のある俳優です。」という内容の文を作る。

❿ 各文のおおよその内容は次の通り。
❶ 奈良は私が日本でいちばん好きな古い都です。
❷ 彼女は私が欲しかった時計を持っています。
❸ それはあなたが探している時計ですか。

⓫ ❷と❸は目的格の関係代名詞を使った文，それ以外は主格の関係代名詞を使った文になる。

⓬ ❶「私は医者になりたい」という文をまず作って，そのあとに「(その医者はどんな医者かというと)お年寄りを助ける」という部分を作り，2つの部分を関係代名詞whoでつなぐ。
❷「これは自転車です」という文をまず作って，そのあとに「(どんな自転車かというと)私が長い間欲しいと思っていた」という部分を作り，2つの部分を関係代名詞whichかthatでつなぐ。
❸「あなたはTシャツをさがしているのですか」という文を作って，そのTシャツについて説明する「あなたが先週買った」の部分を後置修飾の形にする。

pp.44-45 Step ❸

❶ ❶ Even if ❷ kind of ❸ that time
❹ instead of ❺ went on

❷ ❶ **エ** ❷ **イ** ❸ **ウ** ❹ **エ**

❸ ❶ India ❷ **ウ**
❸ **(例)イギリスが塩のために作った法律がありました。**
❹ According to the law, only the British could produce or sell salt(.)
❺ unfair

❹ ❶ *Ganjitsu* is the first day of the year.
❷ **(例)**Many Japanese people watch the sunrise and visit temples or shrines.

考え方

❶ ❶「たとえ…だとしても」の部分を表す成句を考える。
❷「…の一種」の部分を表す成句を考える。
❸「その当時」の部分を表す成句を考える。
❹「…のかわりに」の部分を表す成句を考える。
❺「…を続ける」はgo onなので，went on ridingで「こぎ続けました」となる。

❷ 各問いの文のおおよその内容は，次の通り。
　❶ ガンディーは南アフリカでどんな仕事をしましたか。
　❷ ガンディーはインドの独立と人々の権利のためにどんな形で働きましたか。
　❸ ガンディーはどんなことをし続けましたか。
　❹ インドはいつ独立を勝ち取りましたか。
❸ ❶ イギリスで弁護士の資格を得たガンディーは，23歳のときに南アフリカに渡った。1893年のときだ。その後，1915年に，ガンディーはインドに戻ってきた。
　❷ British colonyとある。colonyは植民地のこと。
　❸ thatは関係代名詞で，先行詞はa lawだ。
　❹ 文を構成するものとして，「,」が入っている。「その法律によれば」という部分を表すaccording to the lawでいったん「,」で区切ることがポイント。
　❺ イギリスに利益が吸い取られるばかりで，インドの人々は貧しくさせられている現実を，ガンディーは不公平(unfair)と思った。
❹ ❶「１年の最初の日」は「その年の最初の日」と考えて，the first day of the yearとする。
　❷「日の出を見る」はwatch the sunriseで表す。

Unit 6 ～ Stage Activity 3

pp.48-51　**Step ❷**

❶ ❶ キャンペーン　❷ 未使用の
❸ 必需品　❹ もちろん(確かに)
❺ …を想像する　❻ 用意ができて
❼ サービス，公的事業　❽ 交流，やりとり
❾ 頼る　❿ …を輸入する
⓫ 豚肉　⓬ コート
⓭ …を囲む　⓮ 日常の
⓯ 相互に依存している　⓰ 牛肉
⓱ 国内の　⓲ (品物・料金が)安い
⓳ のように見える，思える
⓴ …を輸送する
❷ ❶ border　❷ relation
❸ backpack　❹ donate
❺ receive　❻ encourage
❼ son　❽ building
❾ air　❿ the globe
⓫ point　⓬ trade
⓭ survival　⓮ exception
⓯ agree　⓰ judge
⓱ side　⓲ wear
❸ ❶ daughter　❷ disagree
❸ sold　❹ sent　❺ heard
❹ ❶ イ　❷ イ　❸ イ
❹ イ　❺ イ　❻ ア
❺ ❶ エ　❷ ウ　❸ イ　❹ ウ　❺ ア
❻ ❶ for　❷ on　❸ with
❹ out　❺ in
❼ ❶ had　❷ were　❸ could
❹ would　❺ were, would　❻ visited
❽ ❶ wish, had　❷ wish, would live
❸ had, would　❹ lived, would
❺ that, met
❾ ❶ あなたは今までにそのアメリカの映画のことを聞いたことがありますか。
❷ 子どもたちは野外でランドセルを机として使うことができます。
❸ もしあなたが読み書きすることをできなかったとしたら，本やウェブサイトから情報を得ることはできないでしょう。
❹ もし世界が100人の村だったとしたら，５人が英語を話すでしょう。
❿ ❶ I wish I could speak English(.)
❷ Japan depends on foreign trade for its survival(.)
❸ It's necessary for us to continue practicing tennis(.)
❹ A man that I met yesterday was very kind to me(.)
⓫ ❶ I wish I could fly like a bird.
❷ If you were here, you could buy the book.
❸ The movie that I watched last week was exciting.

考え方

❶ ❸ 単数形のsupplyは供給の意味だが，複数形のsuppliesで必需品を表す。
⓫⓰pork「豚肉」やbeef「牛肉」は，ふつうは数えられない名詞として使われる。

❷ ❿ 天体としての地球を表すときにはthe Earthがよく使われる。the globeは球体としての地球や人が住む地上としての地球を表すときに使われる。
⓰ ここでは「審判員」という意味で使われているが，「裁判官，判事」や「鑑定家」などの意味もある。

❸ ❷ agree「賛成する，意見が一致する」の対義語はdisagree「意見が合わない」。disagreeは「別の意見や考えを持っている」ということの表明で，必ずしも「反対」の意思を表明することではない。参考として示せば，「反対する」はopposeで表す。

❹ ❻ のnegativeは最初の部分にアクセントがある。

❺ ❶「私たちに未使用の学校で（使う）必需品を送ってください。」という意味の文にする。
❷「私はそのことをもちろん（確かに）します。」という意味の文にする。
❸「これらの果物はそちらのものよりも安い。」という意味の文にする。
❹「その本は彼らに勉強するよう促しました。」という意味の文にする。
❺「私たちは輸入品に囲まれています。」という意味の文にする。

❻ ❶ be ready for ...で「…の用意ができている」を表す。
❷ depend on ...で「…に頼る」を表す。
❸ 人と意見が一致して賛成を表すときには，agree with ...を使う。
❹ eat outで「外食する」を表す。
❺ thatは関係代名詞でthat以下の節がvegetablesを修飾している。in seasonで「旬で，食べごろで」を表す。

❼ ❶〈I wish I ...〉の文では，...に入る動詞は過去形になる。
❷〈I wish you ...〉の文だが，...に入る動詞もareの過去形wereになる。
❸〈I wish I ...〉の文で，...には助動詞canの過去形couldがくる。
❹ 現実とは異なることを仮定していう場合，動詞や助動詞は過去形になるので，willの過去形wouldがくる。
❺ どちらの動詞，助動詞も過去形になる。
❻ that 〜 last weekの節が，cafeを修飾している。last weekなのでvisitは過去形になる。

❽ ❶「私は新しいTシャツもあたたかいコートも持っていません。」を「私が新しいTシャツとあたたかいコートを持っていたらなあ」という願望を表す文にする。
❷「私は京都に住んでいない。」を「私が京都に住んでいたらなあ。」という願望を表す文にする。
❸「私に時間があったならば，あなたにとてもおいしいランチを作るでしょう。」を「私に時間があったなら，あなたにとてもおいしいランチを作るのに」という事実とは異なる仮定を表す文にする。
❹「もしあなたが日本に住んでいたら，私たちは一緒に京都を訪れるでしょう。」を「あなたが日本に住んでいたら，一緒に京都を訪れるのになあ。」という現実とは異なる仮定を表す文にする。
❺「私がこの前の日曜日に会った女性はチカの先生です。」という意味の文を関係代名詞を使って表す。

❾ ❶「〜したことがありますか」という経験を表す現在完了形の文。
❸ illiterateは「読み書きのできない」という意味。

❿ ❷「自国の存続のために」はfor its survivalで文の最後にくる。
❸ 形式主語itを使って，It's necessary ...の文にする。
❹ A manを主語にして主語を修飾する関係代

名詞の節を作る。

⓫ ❶「鳥のように」はlike a birdを使う。

❷「その本が買えるのに」の主語はyouにして，you could buy the bookとする。

❸「わくわくさせる」はexcitingを使う。

pp.52-53 Step ❸

❶ ❶ Imagine your life

❷ wish, were

❸ necessary for us

❷ ❶ The news made us sad(.)

❷ (If I) had warm coats, I would donate them(.)

❸ (Most of beef) that we eat every day comes from foreign countries(.)

❸ ❶ ウ　❷ エ

❹ ❶ So far　❷ my old backpack

❸ **(例)もし私が日本の生徒だったら，私の古いランドセルを送るのに。**

❹ by donating other things, like pencils and notebooks

❺ ❶ **(例)** I wish I could drive a car./ I wish I could go with Rie.

❷ **(例)** The book I read yesterday was interesting.

考え方

❶ ❶ imagineを使った命令文を作る。

❷ 仮定法では動詞は過去形になるので，you areではなく，you wereとなる。

❷ ❶ 英文としては「その知らせが私たちを悲しませました。」という意味の文になる。〈make＋人(物・こと)＋形容詞〉で「人(物・こと)を…にする」という意味になる。

❷「…するのに」は〈willの過去形would＋動詞〉で作る。

❸ Most of beefのあとに「私たちが毎日食べる」という意味を表す関係代名詞thatを使った節を作る。

❸ ❷ 問いの文がwhatで始まっているので，自分の考えを表す答えにする必要がある。

❹ ❷ my backpackでもmineの内容を示しているが，3語とあるのでoldも入れる。

❸ あり得ない仮定を表す文であることに注意して日本語にする。

❹ donatingはdonate「寄付する」の動名詞。

❺ ❶〈I wish I ...〉の文を作る。…にくる動詞や助動詞は過去形にする。解答例の英文の意味は「私が車を運転することができたらなあ。」「私がリサといっしょに行けたらなあ。」。

❷「本はおもしろかった」が文の中心。どんな本かを説明するために，関係代名詞を使って説明する。

pp.54-55 Step ❸

❶ ❶ of　❷ for　❸ at

❹ on　❺ with

❷ ❶ I could　❷ would go

❸ had the book　❹ that we watched

❸ ❶ sold in[at]　❷ it would be

❸ was a very old

❹ ❶ Japan depends on foreign trade for its survival(.)

❷ **(例)私たちが毎日目にしている食べ物や服といった多くのものが，海外から来ています。**

❸ **(例)日本でフライドチキンは相当高価になっているでしょう。**

❹ **ウ**

❺ **(例)** I think students should wear school uniforms. We don't have to buy a lot of clothes, so we can save money.

考え方

❶ ❶「そのオレンジのほとんどは外国から来ています。」という意味。

❷「私たちは授業の準備ができています。」という意味。

❸「私はぜんぜんさびしくありません。」という意味。

❹「次の話題に移りましょう。」という意味。

❺「私はあなたの考えに賛成します。」という意味。

❷ ❶「私がマサのようにギターを弾けたらなあ。」
❷「私が今日ひまなら，買い物に行くのに。」
❸「あなたがその本を持っていたら，それを調べることができたのに。」
❹「この前の日曜日に見たサッカーの試合はとてもわくわくしました。」

❸ ❶「売る」の過去分詞soldを使う。
❷ willの過去形wouldを使う。

❹ ❶〈Japan depends on ...〉とJapanを主語にした文にする。
❷ 関係代名詞that以下の節がmany thingsを修飾していることに気づく。
❸ expensiveは「値段が高い，高価な」という意味。
❹ ㋒は「日本のフライドチキンはとても値段が高い」という意味なので，本文の内容と違う。

❺ 制服の着用に賛成か反対か，またその理由を1つか2つ挙げることができればよい。解答例の意味は「私は生徒は制服を着るべきだと思います。たくさんの服を買わなくてよいのでお金を節約できます。」

Let's Read 2

pp.57-59 **Step ❷**

❶ ❶ **…を切る** ❷ **充電する**
❸ **比較的** ❹ **危険な**
❺ **量** ❻ **…を管理する**
❼ **放射能** ❽ **日光**
❾ **蒸気** ❿ **海，大洋**
⓫ **4分の1** ⓬ **…を発明する**
⓭ **持続可能な** ⓮ **発明家**

❷ ❶ electricity ❷ smartphone
❸ oil ❹ coal
❺ release ❻ health
❼ energy ❽ handle
❾ wind ❿ renewable
⓫ heat ⓬ solve
⓭ rain ⓮ lamp
⓯ second ⓰ liter
⓱ battery ⓲ consumer

❸ ❶ ウ ❷ イ ❸ ア
❹ イ ❺ イ ❻ イ

❹ ❶ a lot of ❷ can be
❸ depend on ❹ like her
❺ gets about

❺ ❶ ran out ❷ amount of
❸ say that ❹ all, time
❺ to make ❻ in, hours
❼ one of

❻ ❶ **(例)もし電力が1週間切られたとしたら，私たちの暮らしにはどんなことが起きるでしょうか。**
❷ **(例)化石燃料は，地球温暖化を進め，私たちの健康を悪化させます。**
❸ **(例)放射能の管理と核燃料の処理を常に安全に行うのは難しいことです。**
❹ **(例)持続可能なエネルギーの未来のためにあなたにできることは何かあるでしょうか。**
❺ **(例)エネルギーの未来をより明るくするために，あなたは何ができるでしょうか。**

❼ ❶ **(例)**They are called fossil fuels.
❷ **(例)**In 100 years.
❸ **(例)**Yes, it is.
❹ **(例)**Yes, it is.
❺ **(例)**They are called renewable energy.
❻ Denmark does.
❼ **(例)**It makes power from rain.

考え方

❶ この単元は，英語を読む力をつけるための読み物なので，新しい文法や文の形はでてこない。しかし，新出の単語や語句では重要なものが数多くあるので，言葉や語句を，読み物のテーマに沿って理解し，頭に入れるようにしよう。
⓫ quarterは「4分の1」を意味する。しかし，このほかにもいくつかの意味を持っていて，1時間の4分の1ということから，15分を意味することもある。あるいは，1ドルの4分の1ということから，25セント硬貨を呼ぶこともある。

❷ ❺ releaseは，ここでは「放出する」という意味だが，情報などを「公開する」，CDなどを「発売する」，釣った魚などを「放す」などの意味もある。音楽配信などでは，この言葉をよく耳にする。

❼ energyは，英語では片仮名で表せば「エナジー」だ。けっして「エネルギー」ではない。

❹ ❶ 不可算名詞につけられる冠詞は，some，muchなど。

❸ depend onで「…に頼る」を表す。

❺ ❶ run out ofで「…を使い果たす」を表す。

❷ a large amount of waterで「大量の水」を表す。

❹ all the timeで「常に」を表す。

❺ to use laterで「後で使うための」を表す。

❻ in 2 hoursで「2時間(以内)で」を表す。

❻ ❶ 動詞が過去形になっているので，「もし…だったら，～だろうか」という仮定法過去の文である。

❷ increase「増大させる」とdamage「…に損害を与える」という2つの動詞を含む部分がandでつながれている。

❸ to以下の部分には，control「…を管理する」とhandle「…を処理する」の2つの動詞がある。

❹と❺は同じような問いかけとなっているけれど，内容のちがいにも気をつけて訳そう。

❼ 各質問のおおよその内容は，以下の通り。

❶ 石油や石炭，天然ガスのような資源のことを何といいますか。

❷ 私たちは，石油や天然ガスをあとどのくらいで使い果たしますか。

❸ 化石燃料から二酸化炭素は放出されますか。

❹ 原子力発電は日本では使われていますか。

❺ 太陽光や風力，地熱，波力そのほかのエネルギーは何と呼ばれていますか。

❻ 風力によって40パーセントの電力を得ている国はどこですか。

❼ レイハン・ジャマロバさんが発明した装置は何から力を得るのですか。

Let's Read 3

pp.61-63 **Step ❷**

❶ **❶ 点　❷ (単科)大学**
❸ 卒業する　❹ 芸術的な
❺ 興味　❻ …だと期待する
❼ 幸運な　❽ 従業員
❾ 中心　❿ なくなった
⓫ 負担　⓬ 初心者
⓭ がん　⓮ 限られた
⓯ 内側の　⓰ 愚かな

❷ ❶ graduation　❷ attend
❸ somehow　❹ difference
❺ loss　❻ successful
❼ though　❽ creative
❾ animation　❿ studio
⓫ mirror　⓬ someone
⓭ else　⓮ magazine

❸ ❶ grew　❷ knew
❸ put　❹ found

❹ ❶ ×　❷ ○　❸ ○　❹ ×

❺ **❶ ウ　❷ イ　❸ ア　❹ エ**
❺ ウ

❻ ❶ She understood what she had to do.
❷ I had no idea what I should say to you.
❸ This is an animation movie Saki saw yesterday.
❹ *Sembei* is made from rice.

❼ **ア，ウ，エ，オ，カ**

❽ **イ，ウ，オ，カ**

❾ **(例)** I was moved by the words, "Live your own life."
(例) I felt his words had a deep meaning.
(例) I was interested in his positive thinking.

考え方

❶ ❾ focusはここでは「中心」の意味だが，ほかに「焦点」という意味もある。関連した意味でもあるので，覚えておこう。

❷ ❷ attendを，ここでは「…に通う」という意味

で使っているが，「出席する」や「(人の)世話をする，付き添う」という意味もある。

❸ 4つの不規則変化をする動詞の過去形，過去分詞は以下の通り。
grow-grew-grown
know- knew –known
put-put-put
find-found-found
growやknowのように，原形，過去形，過去分詞がすべて異なるものは，A・B・C型という。putのように，すべて変わらないものは，A・A・A型という。findのように，過去形と過去分詞が同じものはA・B・B型という。

❹ ❶ collegeは，日本語としては「カレッジ」といわれるが，英語の発音を片仮名で表せば「カリジ」となる。
❸ studioを片仮名で表せば「ステューディオウ」に近い。

❺ ❶「見当もつきませんでした」の部分の成句を考える。
❷ drop outには「学校などを中退する」という意味や「脱落する，離脱する」という意味もある。

❻ ❶と❷は間接疑問文を作る。
❸ 後置修飾の形を思い出そう。
❹ 受け身の文だ。

❼ 各文のおおよその内容は次の通り。
㋐ 彼と友人は，美しい文字を持った最初のコンピュータを作りました。
㋑ 彼はアップル社を30歳のときに始めました。
㋒ アップル社は，10年後には4,000人の社員をかかえる大きな会社になりました。
㋓ 彼は彼自身の会社であるアップル社を解雇されました。
㋔ 彼はピクサーというアニメーションスタジオを始め，それは大成功しました。
㋕ 彼は残された時間に限りがあることを知りました。それは彼ががんにかかっていたからです。
㋖ 彼はアップル社を創業した人として成功し続けました。

❽ 教科書p.113，10〜11行目の内容より，**ア**と**エ**は不適切。また，p.110〜112まで，自身の会社を解雇(かいこ)されたり，そこから新たな会社を立ち上げられたことを振り返って「良いことだった」と語っていることからも，**キ**も不適切とわかる。

❾ 解答としてあげている例文の内容は次の通り。
(例)私は「自分自身の人生を生きなさい」という彼の言葉に感動しました。
(例)私は彼の言葉が深い意味を持っていると感じました。
(例)私は彼の積極的な考え方に興味を持ちました。

テスト前 ☑ やることチェック表

① まずはテストの目標をたてよう。頑張ったら達成できそうなちょっと上のレベルを目指そう。
② 次にやることを書こう（「ズバリ英語〇ページ，数学〇ページ」など）。
③ やり終えたら□に✓を入れよう。
最初に完ぺきな計画をたてる必要はなく，まずは数日分の計画をつくって，
その後追加・修正していっても良いね。

目標

	日付	やること 1	やること 2
2週間前	／	□	□
	／	□	□
	／	□	□
	／	□	□
	／	□	□
	／	□	□
	／	□	□
1週間前	／	□	□
	／	□	□
	／	□	□
	／	□	□
	／	□	□
	／	□	□
	／	□	□
テスト期間	／	□	□
	／	□	□
	／	□	□
	／	□	□
	／	□	□

QRコードのページに登録すると，「ぴたリンク」からも表をダウンロードできるよ

テスト前 ✓ やることチェック表

① まずはテストの目標をたてよう。頑張ったら達成できそうなちょっと上のレベルを目指そう。
② 次にやることを書こう（「ズバリ英語○ページ，数学○ページ」など）。
③ やり終えたら□に✓を入れよう。
最初に完ぺきな計画をたてる必要はなく，まずは数日分の計画をつくって，
その後追加・修正していっても良いね。

目標

	日付	やること 1	やること 2
2週間前	／	□	□
	／	□	□
	／	□	□
	／	□	□
	／	□	□
	／	□	□
	／	□	□
1週間前	／	□	□
	／	□	□
	／	□	□
	／	□	□
	／	□	□
	／	□	□
	／	□	□
テスト期間	／	□	□
	／	□	□
	／	□	□
	／	□	□
	／	□	□

QRコードのページに登録すると，「ぴたリンク」からも表をダウンロードできるよ

キリトリ線